银本位下

中国的市场整合研究

YINBENWEIXIA 赵留彦/著

ZHONGGUO DE SHICHANG ZHENGHE YANJIU

中国财经出版传媒集团

经济科学出版社

Economic Science Press

图书在版编目（CIP）数据

银本位下中国的市场整合研究/赵留彦著. —北京：
经济科学出版社，2017.8
ISBN 978 - 7 - 5141 - 8345 - 0

Ⅰ.①银…　Ⅱ.①赵…　Ⅲ.①国内市场 - 研究 -
中国　Ⅳ.①F723

中国版本图书馆 CIP 数据核字（2017）第 198738 号

责任编辑：于海汛　李一心
责任校对：刘　昕
版式设计：齐　杰
责任印制：潘泽新

银本位下中国的市场整合研究
赵留彦　著
经济科学出版社出版、发行　新华书店经销
社址：北京市海淀区阜成路甲 28 号　邮编：100142
总编部电话：010 - 88191217　发行部电话：010 - 88191522
网址：www. esp. com. cn
电子邮件：esp@ esp. com. cn
天猫网店：经济科学出版社旗舰店
网址：http://jjkxcbs. tmall. com
北京财经印刷厂印装
710 × 1000　16 开　11 印张　150000 字
2017 年 8 月第 1 版　2017 年 8 月第 1 次印刷
ISBN 978 - 7 - 5141 - 8345 - 0　定价：36. 00 元
（图书出现印装问题，本社负责调换。电话：010 - 88191510）
（版权所有　侵权必究　举报电话：010 - 88191586
电子邮箱：dbts@ esp. com. cn）

序　言

　　经济史方面的实证研究具有引领经济学发展和创新并承担历史文化传承的重要功能，同时也能为我国当前经济社会转型和发展提供必要的理论基础和历史经验。金融信贷和商业信用是中华商业文明的重要组成部分，是中国几千年悠久历史文明的重要经济支柱。面对近代工业化的艰巨任务，中国的金融市场广泛动员社会资源，最大限度地吸收储蓄、调拨资金，为近代工业化和经济发展提供了巨大动力。其发展路径和运行机理既体现了中华悠久的传统文化和商业智慧，也吸收了近代西方国家的先进经营理念，构成了中国特色市场经济的重要历史渊源，即使在我国当前的经济改革和现代化建设中依然发挥着不可或缺的作用。然而，到目前为止关于我们自身的市场经济历史传统和金融市场运行机制仍没有引起研究者足够重视。经济学者和历史学者对于近代金融市场的独特运行机制依然缺乏系统性的研究。事实上这方面的探索不仅能够推动近代中国市场发展和运行机制研究，也能够为具有中国元素的经济学的发展奠定基础，并且对于认识和推进我国目前金融体制改革、完善金融市场的运行机制都具有重要的历史借鉴意义。

　　尽管有关近代中国经济史和金融史的研究成果并不少见，

但是其不足之处也非常明显。主要表现为关于个体企业或金融机构的研究多、关于整体市场的研究少；区域或个案研究多、综合性的研究少；阶段性的研究多、长时序的研究少；描述性的研究多、理论性的研究少。即使存在少量关于近代金融市场的论著，一般也是局部性、考证性的介绍其具体情况，很少对市场运行机制有深入的分析。20 世纪 30 年代大萧条之前，美欧多采用金本位制而中国则采用银本位制。这种银本位制度的运行效率如何？中国与世界金融市场的融合情况如何？中国用作货币的银在国际上只是普通商品，银进出口量决定了中国基础货币的变动，对中国的价格和经济周期有根本影响。本书从国际、国内银价偏离"一价定律"所导致的套利视角解释了中国基础货币变动以及物价变化。进而，基于套利行为定量分析了民国时期的市场整合情况以及金融市场的效率。作者对于近代中国经济尤其是金融市场发展有着浓厚的研究兴趣，也投入了大量的时间和精力去搜集数据进行实证研究。本书的目的并非是简单地对近代中国经济发展进行积极或消极的评价，而是希望通过搜集长时间序列数据，并对这些数据进行量化分析，希望能在抗日战争前中国市场发育方面获得一些新的发现。

本书的部分篇章基于作者以及合作者的研究论文，包括发表和尚未公开发表的。在论文和本书的写作过程中，我得到了很多人的建议和帮助，在此表示感谢。特别要感谢我的合作者黄桂田和隋福民，以及《经济研究》《金融研究》《中国经济史研究》和《经济学季刊》等期刊编辑所提出的宝贵意见。本书的出版得到北京市哲学社会科学基金一般项目"市场整合与经济发展"（13JDJGB039）和国家社科基金重大项目"近代中国金融市场发展与运行研究"（16ZDA133）的资助，再次表示感谢。由于时间仓促，错误和疏漏之处在所难免，欢迎读者来信指正，我的电子邮箱：zhly@ pku. edu. cn。

赵留彦

2017 年 1 月

于北京大学经济学院

前　言

　　市场的发育尤其是金融市场的革命性变化，不仅是经济近代化转型的一个主要体现，也是推动国家经济实力提高和长期经济增长的重要动力。长期以来人们将注意力更多放在了工业革命及其影响方面，大多数经济学家忽视了市场发育的重要性。1989 年，North and Weignast 开创性地探讨了英国光荣革命和英格兰银行的建立所形成的金融革命，以及金融革命对于私人资本市场的发展和英国工业革命的特殊意义。至此经济学界才开始对近代货币和金融市场发展、发育表现出了极大热情。近年来学术界除了对英国和法国十七、十八世纪历史的大量实证研究之外，还将这一领域的研究拓展至近代早期欧洲的德国、意大利、西班牙、荷兰，以及明治维新前后的日本等国家和地区。

　　国内随着经济体制改革的深化和市场发展过程中的风险暴露，学术界也开始积极关注抗日战争前中国市场的发育。但总体上来看，关于近代市场尤其是金融市场的研究具有几个明显的不足。第一，综合性方面的缺陷。大多数研究侧重某个区域市场个案或单个金融机构而忽视了市场整体的发育和发展。例如在金融市场研究方面，虽然已经出现一些试图全面论述近代金融市场的著作，但大多都是关于钱庄、票号、近代银行等金融机构或行业研究基础上的各专题的简单拼接。一般是以某个区域或城市为研究对象，缺乏整体性和结构性的系统研究。对于这些金融机构之间的相互关系，以及金融市场的整体演进与运作状况等问题仍然缺乏分析。第二，行业分割性严重。学术界往往是按照钱庄、票号、典当、近代银行等行业来划分研究对象的。研究之间常常泾渭分明，对于钱庄的研究一般以上海钱庄为主体，对票号的研究一般从晋商发展史的角度展开。由此造成了研究钱庄的学者很少涉及票号典当的问题，研究票号的学者则很少关注钱庄与银行，而研究银行的学者则一般又会忽略传统的金融机构。第三，即使在一个行业内往往也是微观研究重于宏观研究，个案考察重于行业研究。这种情况在银行史的研究中十分明显，绝大部分成果是在探讨某一家银行或者某一个具体的事件，而对于金融史上的一些重大问题，诸如各类专业性的金融市场发育以及金融市场和长期经济发展转型之间的问题，都缺少专门的研究。第四，在货币市场方面，关于近代货币市场的转变、各类货币的发行与竞争、货币市场的运行和整合等问题的研究仍处于起步阶段，未见系统性的理论或定量研究。

之所以出现这种状况，笔者认为主要是两方面的原因，一是受历史资料和数据的制约，二是受研究者的知识结构和理论素养的制约。由于经济史体系庞杂，研究者必须同时掌握基本的史学理论知识以及基本经济学理论素养。因此，出于主观客观条件的限制，个人往往只能进行一些局部性的研究。由于缺乏一个从经济学视角对近代中国市场发育和市场运行机制的整体研究，从而在很大程度上造成了经济史、经济理论和现实政策之间的分割。当面对市场经济改革中遇到的问题以及政策抉择时，不仅在理论上，而且在历史经验上也往往完全求助于西方。因此非常有必要对近代中国市场进行系统性的整体研究。

近年来随着大批研究成果和文献资料的积累——如清华大学经济史研究中心专门开展的利率史数据的整理和相关研究，复旦大学金融史研究中心与上海档案馆合作开展的金融资料整理工作和专题研究，上海财经大学数据中心开展的近代时期日本在华的各类调查资料，等等——以往管中窥豹式的研究局面有望得到很大的改进。这些资料和方法的进展使得对于近代中国市场发育方面的系统性研究成为可能。

笔者长期以来对于民国的经济史尤其是金融市场发展有着浓厚的研

究兴趣，也投入了大量的时间和精力去搜集数据进行实证研究。本书的目的并非是简单地对近代中国经济发展进行积极或消极的评价，而是希望通过搜集长时间序列数据，并对这些数据进行量化分析，希望能在抗日战争战前中国市场发育方面获得一些宏观性的新发现。自然，第一次世界大战前中国的市场发育是个极其重大的话题，对其进行全面分析远超出了本书作者的能力范围。在这本小册子中，作者只能集中有限的精力分析其中的一个关键话题——市场整合。市场整合分析的核心要素是不同空间市场中的价格差异。我们通过地区空间市场物价、利率和汇率，考察各地商品或资产价格的相关性。在此基础上，围绕套利机制、信息传递速度等使用计量分析模型度量中外市场之间以及国内市场之间的整合程度以及市场效率。

正文分7章。第1~2章定量研究近代银本位制度下，国际银价变化与中国价格水平之关系。第1章检验近代银本位制度下，国内价格与国际银价之关系是否能通过购买力平价理论得以解释。中国晚清至民国跨度达70年的数据支持了长期购买力平价理论，这表明19世纪后半期中国与国际市场的整合进程已经开始。本章修正了中国汇率文献中常见的线性模型以及样本期过短两方面的不足。第2章分析大萧条时期中国的货币存量变化和经济衰退状况。本章重新认识了美国白银收购法案对中国经济和币制改革的影响。白银收购法案引发的银价暴涨导致了中国银大量流出，引起了严重的通货紧缩和经济衰退，并迫使中国放弃了银本位制。这一时期的中国货币史为大萧条原因的研究提供了"自然试验"，它验证了货币因素在加深大萧条过程中的关键作用，也为货币当局应对世界范围内的经济衰退提供了借鉴。

第3~6章研究中国银本位制度下，白银跨市场套利与中国金融和商品市场效率问题。第3章分析中国银本位制度下，市场汇率与国际银价的关系。汇率和国际银平价的偏离显著受两个因素影响：一是外汇市场供求关系；二是国际银价的涨跌——因为国际银价变化时市场汇率的调整具有滞后性。不过，白银的跨国套利机制保证了中国汇率和国际银价之间的长期稳定关系，即偏离率受限于银输送点而不致无限扩大。第4章分析银本位制度下，跨国白银套利和中国基础货币变化的决定因素，并基于"银点套利"理论研究中国汇率与铸币平价之关系。实证估计当时银点约占铸币平价的1.5个百分点。当汇率和平价的偏离幅度超出银点时，白银跨国输送的方向与银点套利的预测也一致。因此，白银进出口的根源在于国内外银价偏离"一价定律"所导致的套利行为。这以一个新视角解释了中国银本位制下基础货币的变动，也表明银本位制度下白银的跨国套利机制是有效的，为当时中外金融市场整合提供了证据。第5章分析中国银本位制度下，银点套利与国内金融市场的整合状况。本章根据津沪间的银输送点以及洋厘价格动态研究津沪市场的整合。经验结论表明，1898～1933年间津沪之间的银点在显著下降。银点估计值在清末为1.1%～1.3%，而民国降低至0.4%，下降了2/3。与清末相比，民国时期不仅银点减小了，而且在银点之外，两市价差的收敛速度也加快了一倍。因此，民国时期地区间白银套利机制的效率有大幅提高，这意味着中国南北方地区的金融市场整合在加强。第6章基于与前面两章相似的空间市场套利思想，通过上海、天津和芜湖的价格差异研究国内商品（粮食）市场的整合。20世纪30年代之后上海和芜湖的贸易成本相对于20年代下降了约40%，上海和天津面粉市场的经验结果也得到类似的结论。这是因为"裁厘改统"政策解除了原有厘金制度对商品流通的限制，有利于商品跨区贸易，因而提高了国内市场整合程度。

第7章是对全书的总结。

目　录

第1章　购买力平价理论：中国近代银本位制下的实证检验 ························ 1

1.1　引言 ／ 1

1.2　实际汇率的非线性特征 ／ 6

1.3　数据 ／ 10

1.4　经验结果 ／ 13

1.5　本章小结 ／ 20

参考文献 ／ 21

第2章　国际银价、白银流动与大萧条时期中国的衰退 ·················· 24

2.1　引言 ／ 24

2.2　美国白银购买法案及中国的法币改革 ／ 26

2.3　中国的通货紧缩 ／ 29

2.4　白银流出、本币升值与通货紧缩 ／ 35

2.5　实体经济的衰退 ／ 37

2.6　对外贸易的萎缩 ／ 40

2.7　本章小结 ／ 41

参考文献 ／ 43

第3章　国际银价与中国汇率 ································· 46

3.1　引言 ／ 46

3.2 中国汇率与国际银价的关系 / 49

3.3 偏离率动态与中外市场的整合 / 57

3.4 本章小结 / 68

参考文献 / 68

第4章 银点套利与中国外汇市场的效率 ·························· 72

4.1 引言 / 72

4.2 数据 / 76

4.3 白银套利模型 / 79

4.4 计量结果 / 83

4.5 银点与银的跨国流动 / 89

4.6 稳健性：日度数据的结果 / 92

4.7 本章小结 / 99

参考文献 / 101

第5章 银点套利与国内货币市场的效率 ·························· 103

5.1 引言 / 103

5.2 洋厘市场 / 106

5.3 实证模型设定 / 110

5.4 计量结果 / 113

5.5 本章小结 / 122

参考文献 / 124

第6章 抗日战争前国内粮食市场的整合："裁厘改统"
政策效果的研究 ·· 126

6.1 引言 / 126

6.2 背景：厘金与"裁厘改统"政策 / 129

6.3 跨地区套利模型 / 132

6.4　芜湖与上海米市的经验结果　／　133

6.5　市场整合：上海和天津面粉市场的证据　／　142

6.6　本章小结　／　144

参考文献　／　145

第7章　结语　……………………………………………………　148

数据附录　／　152

第 *1* 章

购买力平价理论：中国近代银本位制下的实证检验

本章导读

> 关于中国购买力平价（Purchasing Power Parity，PPP）的实证文献普遍存在两方面的不足：一是假定实际汇率向 PPP 的调整是线性过程，二是仅使用当代改革开放之后极短的样本期。这样，传统单位根或者协整检验会倾向于得出否定 PPP 的结论。事实上，考虑到交易成本时，理论上实际汇率向 PPP 的调整应是非线性过程。中国银本位制度下，晚清和民国跨度 70 年（1867～1936 年）数据的经验结果验证了实际汇率的非线性特征。也就是说，偏离幅度越大，实际汇率向均衡值回复的动力就越强。尽管会长期偏离 PPP，但实际汇率仍然是整体平稳的均值自反过程。这提供了支持 PPP 的证据，也表明 19 世纪后半期中国与国际的市场整合进程已经开始。

1.1 引　言

购买力平价（PPP）理论有"绝对 PPP"和"相对 PPP"之分。前者认为，经名义汇率换算后不同国家的价格水平是相同的；后者则认为，本国货币相对外国货币的贬值速率应等于本国通货膨胀率与外国通货膨胀率之差。实际汇率是经过两国相对价格水平调整后的名义汇率，实际汇率相对零值的波动就意味着对"绝对 PPP"的偏离,而实际汇率相对其基期常数值的偏离就意味着对"相对 PPP"的偏离。因此,检验 PPP 即等价于检验实际汇率的均值自反性(mean-reverting)。

依据购买力平价所确定的均衡汇率水平,一方面可以作为政府制定汇率政策的标杆,另一方面也是相关市场主体预测长期汇率走势的重要参照值。另外,PPP 所描述的名义汇率和两国相对价格水平的关系,通常也是国际经济学中不少理论模型的隐含前提,如传统的"粘性价格货币"模型(Dornbusch,1976)、引入微观基础和跨时最优化框架的"新开放宏观经济学"模型(Obstfeld and Rogoff,1995)等。

由于其在理论上以及实际经济活动中的重要意义,PPP 理论是否成立就成为实证检验的热点命题。如果 PPP 成立,实际汇率走势则应是属于平稳过程。也就是说,名义汇率偏离相对价格仅是短期现象,二者最终会收敛。然而,有关的实证结果显示,短期 PPP 并不成立,长期 PPP 是否成立也缺乏一致结论(Rogoff,1996)。早期文献在对长期实际汇率进行单位根检验时通常认为实际汇率是不平稳过程(Adler and Leh-mann,1983;Darby,1983;Huizinga,1987),或者名义汇率和相对价格之间并不存在协整关系(Corbae and Ouliaris,1988;Mark,1990),这意味着名义汇率会永久偏离相对价格,或者说实际汇率不会均值自反。这与 PPP 假说相悖,被称作"第一代 PPP 之谜"。

后来研究者认为这可能是由单位根检验的低效率造成的。如果样本期很短而实际汇率均值自反的速度又很慢,单位根原假设就难被拒绝,于是有的研究采用长期历史数据(例如,Lothian and Taylor,1996)。一般认为,即使长期 PPP 是成立的,向 PPP 的收敛速度也是极慢的,PPP 偏离的半衰期(half-lives)为 3~5 年,甚至更长(Murray and Papell,2002)。实际汇率的短期大幅波动与其长期缓慢的均值自反现象被称为"第二代 PPP 之谜"(Rogoff,1996)。

以往实际汇率的均值自反特性的讨论一般是在线性框架下进行的。然而,考虑到现实的国际贸易中存在交易成本,理论上实际汇率应该为

非线性过程。国际贸易中的交易成本是个宽泛的概念。它包括除了生产商品的边际成本之外，使产品到达最终用户发生的所有成本（Anderson and Wincoop，2004），例如运输成本、关税和非关税壁垒。百年前Heckscher 便指出，由于相互分割市场间存在较高的贸易成本，一价定律并不能精确成立。由此他提出"商品输送点"（Commodity Points）概念（Obstfeld and Taylor，1997），这可在 Samuelson（1952）模型中予以解释。假定两市场之间贸易是即时且有成本的，套利者输送商品可确保两市价差不会超过贸易成本。记 t 期市场 i 的价格为 P_t^i，c 为商品输送点，无套利条件意味着 $|P_t^i - P_t^j| \leqslant c$。不过，如果商品在两市间运输需要时间，在这段时间内两市间的价差就可超过贸易成本。最终价格还会收敛直到满足无套利条件，但这种收敛并不意味着两市价格相等，只是价差缩小至不再处于商品输送点 c 之外。这样，价差大时会向交易成本区间收敛，而不是向绝对平价 0 收敛。如果考虑到信息传递滞后、套利的边际成本递增等情形，现实中价差的调整速度可能会很慢。

　　作为一揽子商品价格的汇率可类比单个商品价格。只有当实际汇率——即经汇率换算之后的两国价格水平之差——超出一定阈值（商品输送点）时商品套利才会出现，才促使实际汇率向 PPP 决定的均衡值回复。而当实际汇率落在阈值之内时，扣除交易成本之后并没有套利收益，实际汇率也就缺乏向 PPP 回复的动力。这样，交易成本使得实际汇率出现"中性区间"，该区间内实际汇率可能是随机游走过程甚至发散过程，并不具有均值自反特性。只有偏离幅度超出该区间时，实际汇率才呈现均值自反特征。换言之，交易成本使得实际汇率对大的冲击和小的冲击反应模式不同。

　　正因为如此，当代不少考虑交易成本之后的汇率决定理论中，实际汇率都具有非线性特征（Benninga and Protopapadakis，1988；Dumas，1992；Obstfeld and Rogoff，2000）。近年来，有关实际汇率的实证研究中引入了多种非线性模型。代表性的有 TAR（Threshold Autoregressive）模型（Obstfeld and Taylor，1997）、STAR（Smooth Transition Autoregressive）（Michael，Nobay and Peel，1997），它们的研究对象均为欧美市场。国内也有研究中国汇率是否符合 PPP 理论的实证文献，方法上一般采用线性的单位根或协整检验，结论却很不一致。例如，张晓朴（2000）通过对 1979～1999 年的月度名义汇率、中美两国的价格指数的检验认为，人民币汇率并不符合 PPP；而邱冬阳（2006）使用 1997～2005 年的月度中美两国汇率和价格数据，得出的结论则支持 PPP。也有少数文献考虑到实际汇率的非线性特点，例如，张卫平（2007）采用门阈自回归方法认为人民币与美元汇率符合 PPP 预测。

不过，关于中国的实证研究中还存在两方面问题：第一，时间跨度太短。一般采用当代改革开放过程中大约 20 年甚至更短的数据，样本期太短以至于不能完整覆盖一个调整周期，这样便不能准确估算汇率均衡值。第二，中国的名义汇率并不属于完全意义的市场汇率。2005 年 7 月之前中国的名义汇率钉住美元，后来尽管名义汇率的波动区间被逐步放宽，然而到目前中国的汇率仍受到官方严格管制。尽管从长期来看，汇率管制并不能根本上阻碍 PPP 起作用，[①] 然而由于名义汇率的调整受到限制，实际汇率的均值回复速度势必更加缓慢。因而，现有的用短期的、非市场机制作用的中国数据所作的检验，其结论的可靠性、可信性将大打折扣。

与现有的研究文献相比，本章选用近代历史数据克服了上述两方面的问题：第一，使用近代中国第一次对外开放后 1867～1936 年 70 年的历史数据，避免了样本期过短问题。第二，样本期内中国采用银本位制，而英美诸国采用金本位制。由于国际银价不断变化，作为中外汇率基础的铸币平价——两种货币分别所含银和金的比价——本身不再是恒定值，中国与金本位国家之间是浮动汇率制。也就是说，尽管样本期的中国属于半封建半殖民地社会，但对外贸易尤其是汇率的形成则是完全

---

① 一国政府可以控制名义汇率，不过只要自由对外贸易并且商品价格由市场决定，价格水平就会内在地遵循 PPP 的要求而向均衡值进行调整。这样，即使名义汇率固定，长期而言 PPP 仍可以通过两国相对价格的调整起作用。

由市场机制起作用的，属于市场汇率。虽然当代的中国正处在向市场化转轨的阶段，但到目前为止仍然属于管制汇率。[①]

更重要的是，本研究的意义还在于，借此可以考量近代中国与外国的市场整合（market integration）状况。[②] 一般认为，近代中国自给自足的小农经济阻碍了社会分工，不仅导致国内区域间的市场分割，而且致使中国与国际社会的市场也是分割的。从全国范围来看，小农经济为主体导致难以形成统一的市场，但这并不排除局部地区市场整合的可能性。近年来，近代中国市场整合问题受到学界关注，较早的文献一般考察国内某一省区小范围内市场的整合（Wong and Perdue，1992；陈春生，1993）。近来，颜色和刘丛（2011）和 Shiue 等（2007）考虑到地区差异，将研究推广到整个国内层面。然而，中国与国际市场的整合状况的研究基本上还未被触及。本章的研究结果也能反映样本期中国与国际市场的整合状况，因为 PPP 成立的前提在于商品跨国套利，所以高度整合的市场中实际汇率不应大幅偏离均衡值，或者出现偏离时应快速向均衡值回复。反之，PPP 不成立则意味着中外市场分割。本章在方法上对 PPP 的检验中重点考虑了交易成本所造成的实际汇率的非线性特征。基本结论是，虽然常用的单位根检验不能拒绝实际汇率的非平稳性，但是，如果考虑到实际汇率行为的非线性特征，实际汇率是总体平稳的。

本章以下的安排是，第 1.2 节讨论 ESTAR 模型的一般形式，及其与传统的线性自回归模型在 PPP 检验中的区别，第 1.3 节是数据描述，第 1.4 节是经验结果，最后是本章小节。

[①]　有研究者认为近代银本位制下的中国实行的是国际金融史上少见的清洁浮动汇率制，因为银价完全由国际市场供求决定，政府无力人为干预（贺水金，2006）。

[②]　市场整合问题将在本书下文第 3~6 章详细研究，这里仅对该概念作简要说明。市场整合是与市场分割对立的概念。自由贸易条件下，如果同种产品在输入区的价格等于其在输出区的价格加上运输成本，则称两个市场是完全整合的。市场整合涉及价格信息的跨市场传导，是反映市场发育程度和市场有效性的重要指标。

1.2 实际汇率的非线性特征

"绝对 PPP"可写为：

$$P_t = S_t P_t^*$$

其中，P_t 和 P_t^* 分别是本国和外国的价格水平，S_t 是名义汇率（直接标价法）。取对数：

$$s_t = p_t - p_t^* \qquad\qquad (1.1)$$

其中，小写字母是相应大写字母的自然对数值。如果说"绝对 PPP"考虑的是价格水平本身，那么"相对 PPP"考虑的是价格水平的变动：

$$\frac{P_t}{P_0} = \frac{S_t P_t^*}{S_0 P_0^*}$$

方程两边取对数：

$$s_t = p_t - p_t^* + k \qquad\qquad (1.2)$$

其中 k 为常数，由基期两国价格和名义汇率决定。定义对数形式的实际汇率

$$y_t = s_t - p_t + p_t^* \qquad\qquad (1.3)$$

那么"绝对 PPP"意味着 $y_t = 0$，"相对 PPP"意味着 $y_t = k$。经验应用中由于很难获得价格水平数据，一般都是利用价格指数，但并不能保证在价格指数的"基期"两国价格水平也相等，所以 $k \neq 0$。因此实证研究中关于 PPP 的检验一般是关于"相对 PPP"的检验。

现实经济中由于各种随机冲击的影响，y_t 不可能精确为零或者常数。不过，PPP 成立意味着现实中 y_t 应是均值自反的，即存在着一个"均衡值"，当 y_t 偏离这一均衡过大时，国际商品套利就会出现，促使实际汇率向其均衡回复。而由于交易成本的存在，y_t 向均衡的自反过程是非线性的。冲击使得 y_t 偏离均衡水平的幅度越大，套利收益就越大，这时 y_t 向均衡回复的速度也就越快；反之，偏离均衡的幅度较小时 y_t 向均衡回复的速度也较慢，甚至，在均衡附近

由于交易成本阻碍了套利，y_t 是随机游走或者发散过程，会持久地小幅偏离均衡。

根据这一特点，本章采用一类非线性时间序列模型——指数平滑转移自回归（Exponential Smooth Transition Autoregression，ESTAR）模型（Michael et al.，1997）——研究汇率与平价的关系。实际汇率设定为：

$$y_t = c + \sum_{j=1}^{p} \pi_j y_{t-j} + \left(c^* + \sum_{j=1}^{p} \pi_j^* y_{t-j}\right)\{1 - \exp[-\gamma^2(y_{t-1} - h^*)^2]\} + u_t$$

(1.4)

其中扰动项 $\varepsilon_t \sim iid(0, \sigma^2)$。指数平滑型转移函数 $G(y_{t-1}) = 1 - \exp[-\gamma^2 (y_{t-1} - h^*)^2]$ 是"U"型的，取值处于 0 和 1 之间。除参数 γ 之外，G 取值还受到实际汇率滞后值 y_{t-1} 与均衡值 h^* 偏离幅度的影响。为说明方程（1.4）的特征，考虑两种极端情形：第一，当上一期实际汇率处于其均衡值（$y_{t-1} = h^*$）时，$G = 0$，于是式（1.4）变成一个线性 AR（p）过程

$$y_t = c + \sum_{j=1}^{p} \pi_j y_{t-j} + u_t$$

(1.5)

第二，当实际汇率偏离均衡值很大——即 $y_{t-1} = \pm\infty$ ——时 $G = 1$，式（1.4）变成另一个线性 AR（p）过程

$$y_t = (c + c^*) + \sum_{j=1}^{p} (\pi_j + \pi_j^*) y_{t-j} + u_t$$

(1.6)

当 $0 < |y_{t-1} - h^*| < \infty$ 时，自回归模型的系数处于式（1.5）和式（1.6）的相应系数之间，并且 y_{t-1} 的调整关于 h^* 是对称的。参数 γ 决定了 $G(y_{t-1})$ 在两个 0 和 1 之间转移的速度，从而也决定了自回归模型在式（1.5）和式（1.6）两类极端情形之间转换的速度。当 $\gamma \to \infty$ 时，$G(y_{t-1})$ 在 0 和 1 之间离散性跳跃而不是平滑转换，式（1.4）便成了一个含有两个门阈值的门阈自回归（Threshold AR）模型。

研究者有时会使用另一种形式的平滑型转移函数——Logistic 函数

来替代上述的指数函数,转移函数设定为:

$$G(y_{t-1}) = \frac{1}{1 + \exp[-\gamma^2(y_{t-1} - h^*)]}$$

当 $\gamma \to \infty$ 时,该模型的极限情形是含有单一门阈值的门阈自回归模型,y_{t-1} 的调整关于 h^* 是不对称的。

有理由认为实际汇率的调整动态应是对称的,即只要偏离均衡值足够大——无论是正向偏离还是负向偏离——实际汇率都应该有相似的均值回复速度。这是因为实际汇率调整背后的力量是商品套利行为,当实际汇率偏离均衡使得套利行为有利可图时,套利者一般并不会区别对待两种不同的偏离。另外,正如 Terasvirta(1994)指出的,即使经济人决策行为是离散的,个体的决策也不可能是同步的,因此,作为总量数据的实际汇率的域变行为应是连续而非离散的。因此本章中选取 ESTAR 模型作为分析工具。

可将式(1.4)改写为

$$\Delta y_t = c + \lambda y_{t-1} + \sum_{j=1}^{p-1} \phi_j \Delta y_{t-j}$$

$$+ \left(c^* + \lambda^* y_{t-1} + \sum_{j=1}^{p} \phi_j^* \Delta y_{t-j}\right)\{1 - \exp[-\gamma^2(y_{t-1} - h^*)^2]\} + u_t$$

$$(1.7)$$

这里的关键参数是 λ 和 λ^*。与均衡值发生偏离时,实际汇率向均衡值的修正系数为

$$\lambda + \lambda^*\{1 - \exp[-\gamma^2(y_{t-1} - h^*)^2]\}$$

修正系数意味着 y_t 对均衡值的偏离部分在一期之内得到修正的比例。

与线性 AR(p)过程的常数修正速度不同,ESTAR 模型中的修正系数是与前期的偏离幅度 $y_{t-1} - h^*$ 有关的变量。关于交易成本的讨论表明,偏离 PPP 的幅度越大,实际汇率向其均衡值回复的动力就越强,这意味着 $y_{t-1} = \pm\infty$ 时式(1.7)应为平稳过程,y_t 的修正系数 $\lambda + \lambda^* < 0$,即 y_t 是均值自反的。需要说明的是,λ 是实际汇率在均值附近时的修正系数,由于此时没有套利行为,y_t 未必是均值自反的,所以 $\lambda \geq 0$ 是有可

能的。但只是要同时有 $\lambda^* < 0$ 且 $\lambda + \lambda^* < 0$，y_t 偏离均值很大时就会出现均值自反，因此 y_t 仍是整体平稳的（globally stable）。

作为对比，考虑关于 PPP 的传统检验方法。这是对 y_t 进行 ADF 检验判断其平稳性，即设定 y_t 为线性 AR（p）过程：

$$y_t = c + \sum_{j=1}^{p} \delta_j y_{t-j} + u_t$$

或改写为

$$\Delta y_t = c + \lambda' y_{t-1} + \sum_{j=1}^{p-1} \phi_j' y_{t-j} + u_t \qquad (1.8)$$

其中修正系数 $\lambda' = \delta_1 + \cdots + \delta_p - 1$。$y_t$ 的平稳性意味着 $\lambda' < 0$；而 $\lambda' \geq 0$ 则意味着实际汇率会无限偏离均值，PPP 不成立。如果 y_t 真实为模型（1.7）所示的非线性过程，而研究者使用线性过程（1.8）来建模，那么参数 λ' 的估计值就很可能处于 λ 和 $\lambda + \lambda^*$ 之间。这样，当 $\lambda > 0$ 时，即使真实的非线性过程是整体平稳的（$\lambda + \lambda^* < 0$），ADF 检验的原假设 $\lambda' = 0$（实际汇率为不平稳过程）仍有可能被接受。

尽管交易成本的存在意味着实际汇率的非线性调整，然而在使用非线性模型之前，仍有必要对数据进行线性检验看是否有采取非线性形式的必要。即使数据本质是非线性的，只要非线性特征不是足够强烈，那么采用线性模型来研究仍然是一种简洁的可行方式，采用非线性模型反而使问题复杂化了。对于当前的问题，该检验的零假设是线性 AR（p）形式，备择假设是非线性形式。可以等价描述为 $H_0: \gamma = 0$，直觉上直接对 γ 进行显著性检验即可，然而在 $\gamma = 0$ 的假设下 $c^* \pi_j^*$ 和 h^* 等参数都无法识别。实践中一般采取式（1.4）中的非线性部分在 $\gamma = 0$ 处的一阶泰勒展开式作为辅助回归方程：

$$y_t = \beta_{00} + \sum_{j=1}^{p} (\beta_{0j} y_{t-j} + \beta_{1j} y_{t-j} y_{t-1} + \beta_{2j} y_{t-j} y_{t-1}^2) + \varepsilon_t \qquad (1.9)$$

检验原假设为：

$$H_0: \beta_{1j} = \beta_{2j} = 0 (j = 1, \cdots, p)$$

对 H_0 进行 F 检验，如果在给定的显著水平下不能拒绝 H_0，那么就可以认为数据能够使用线性模型来近似，没有选择非线性模型的必要；反之如果 H_0 被拒绝，就选取非线性的 ESTAR 模型。

1.3 数　据

本章检验的对象为近代（1867～1936 年）中国和英国之间的年度实际汇率，以及民国时期（1921 年 1 月～1936 年 12 月）中国和英国之间的月度实际汇率。数据集包括两个样本期内中英两国的名义汇率以及各自的物价指数。中国近代史上的物价指数需加以说明。近代最早的中国物价指数可追溯至英国人 Wetmore W. C. 根据中国海关报告册编制的 1873～1892 年批发物价指数，日本币制委员会编制的中国批发物价指数起讫日期分别比 Wetmore 指数晚一年，即 1874～1893 年。然而这两种指数跨期很短，所涵盖商品种类也少。民国时期的研究者便认为，这种指数缺乏应用价值。如冯年华（1932）认为，"以上二种均为外国人代我编制之指数，其历史上之价值大于实用上之价值，吾人以历史上之纪念品目之可也"，吴大业（1932）也认为"多不适于用"。唐启宇根据海关报告册中的商品价格记录，编制了 1967～1922 年的中国物价指数。这是国人编制的最早，也是跨期较长的物价指数，不过该指数仅涵盖 28 种商品。

中国官方编制指数始于民国八年（1919 年 9 月）。当时财政部在上海设立驻沪调查货价局，在调查所得物价中选取一百五十项编为上海物价指数。该指数"以调查翔实编制周到名闻于世，迭受中外各方之赞扬称许"（冯年华，1932）。自 1928 年全国政局统一之后，指数编制日渐完善，抗战前夕全国主要城市——例如上海、南京、天津、广州、青岛和汉口——物价指数均有完整记录。[1]

---

① 近年来，有研究者尝试整理出了更早时期中国的物价指数，例如，Raff 等（2013）整理了清代 1738～1840 年间北京的消费者价格指数（CPI），然而由于当时中国处于闭关锁国状态，中外缺少正常贸易往来，这段样本期很可能不符合我们的研究目的。

　　近代中国物价指数时期最长且涵盖商品种类较多，相对可靠者，当为南开大学经济学院编制的中国进出口物价指数。该指数与唐启宇指数性质相同，取自海关报告册。但其优势在于涵盖全部进出口商品，而不仅是少数商品。因此中国年度价格指数采用这里的中国进出口物价指数。该指数与唐启宇指数均自 1867 年始，这是因为关册从该年开始用关银作为计价单位，全国各海关的货币单位才得以统一。① 该指数仅度量了中国的贸易品价格，由于当时中国交通不便、市场经济不够发达，该指数能够灵敏地反映出商品套利对我国实际汇率的影响。

　　本书选用中英汇率，这是出于两点考虑。第一，样本期内的绝大部分时间（1867～1914 年第一次世界大战爆发之前），英国是中国的主要进出口贸易伙伴。期初（1871～1873 年）中国进出口贸易值中英国本土占 35%，如果将香港的份额也计入英国，则英国占比高达 70%。此后虽然英国的占比持续下降，但截至第一次世界大战前英国一直是中国的最大贸易伙伴。② 第二，1898 年之后方能获得天津和上海外汇市场连续的汇率记录，之前中国则缺乏规范的外汇市场。不过，当时英国是金本位而中国是银本位，白银在中国被用作货币，在伦敦市场上只是用金计价的普通商品，伦敦银价便是中英之间的名义汇率。第一次世界大战开始后英国限制其黄金自由输出，并在第一次世界大战之后放弃金本位，金银比价不能再作为中英汇率。

　　1867～1913 年汇率采用伦敦市场上的白银价格，1914～1932 年采用上海外汇市场上中国货币（规银）兑英镑汇率。年度和月度的实际汇率分别见图 1-1 和图 1-2，数据已经过去均值处理。

---

　　① 关于该指数的详细介绍见何廉（1930）。
　　② 1871～1931 年中国进出口贸易值中各国所占的比重见严中平《中国近代经济史统计资料选辑》，科学出版社 1955 年版，第 65 页。

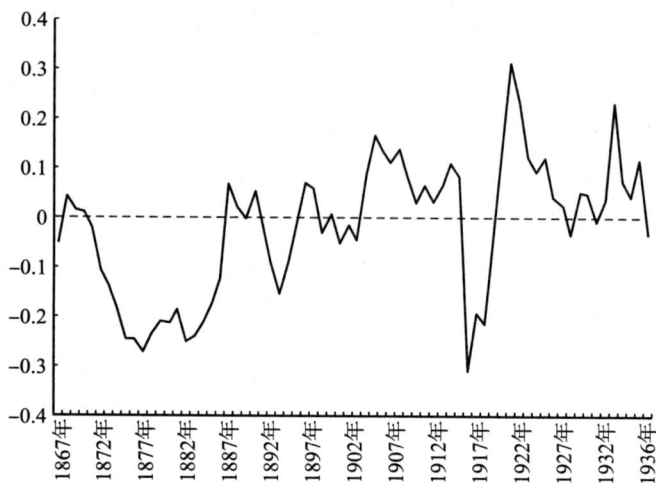

图 1 – 1　中英实际汇率（年度，1867 ~ 1936）

　　注：中英名义汇率 1867 ~ 1913 年采用伦敦市场上白银价格，1914 ~ 1932 年采用上海外汇市场上中国货币（规银）兑英镑汇率。数据来自孔敏（第 635 页、第 449 页）。1867 ~ 1936 年的英国年度批发物价指数，1931 年之前来自于吴大业（1931），之后来自《上海解放前后物价资料汇编》（1958，第 209 页）。中国物价指数 1867 ~ 1930 年为南开大学经济学院编制的中国进出口物价指数，取自吴大业（1932）；1931 ~ 1936 年为上海、华北、广州、汉口、青岛五地区批发物价指数之均值，来自中国科学院上海经济研究所（1959，第 175 ~ 206 页）。实际汇率的计算公式见（1.3），数据已去均值。详细数据见附表 A1。

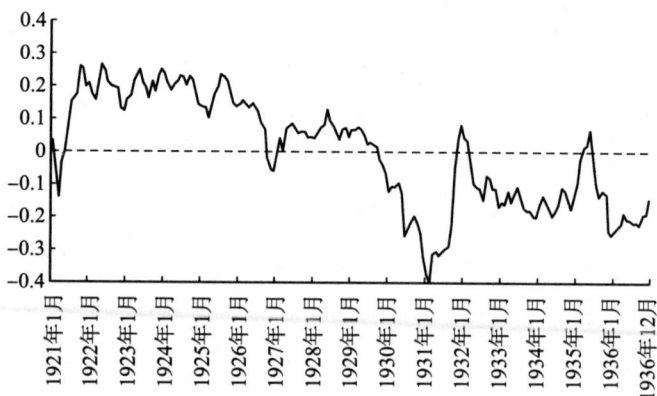

图 1 – 2　中英实际汇率（月度，1921.1 ~ 1936.12）

　　注：中国为上海批发物价指数，来自中国科学院上海经济研究所（1959，第 126 页），英国为零售价格指数。中英之间的名义汇率数据来自孔敏（1988，第 450 页）。实际汇率的计算公式见（1.3），数据已经过去均值处理。详细数据见附表 A2。

1.4　经 验 结 果

1.4.1　平稳性和线性检验

对实际汇率建模之前，先对其进行单位根检验以判断其平稳性。ADF 检验——即方程（1.8）的结果见表 1−1。中英月度实际汇率不能拒绝单位根原假设。这意味着，如果假设实际汇率是线性过程，那么这意味着它并不是均值自反的，因此在样本期内 PPP 并不成立。至于年度实际汇率是否为不平稳过程，ADF 检验的结论并不明确：τ 统计量仅在 10% 水平上显著。修正系数 λ' 为 −0.21，即一年之内实际汇率对均衡值的偏离部分会减小 21%，或者说，实际汇率的半衰期是 2.94 年〔 = ln (0.5)/ln(1−0.21)〕。即使拒绝单位根原假设，而认为 y_t 是平稳过程，其均值自反的速度也是很慢的。这与 Murray 和 Papell （2002） 使用欧美数据得到的 3~5 年半衰期结论相似。应该说明的是，这里使用的是中国的贸易品价格指数，可以设想，如果使用中国的全部商品价格指数，所得到的半衰期极有可能会更长——即收敛速度更慢。

表 1−1	实际汇率 ADF 检验结果	
	（年度：1867 ~ 1936）	（月度：1921.1 ~ 1936.12）
c	−0.004 （0.010）	−1.36 × 10^{-4} （2.69 × 10^{-3}）
λ'	−0.214 （0.011 ***）	−0.034 （0.016 **）
ϕ'_1		0.288 （0.069 ***）
σ	0.086	0.037
Durbin − Watson	1.794	2.007
τ	−2.798 *	−2.089

注：（ ） 中是标准差，***、** 和 * 分别表示在 1%、5% 和 10% 水平上显著。式（1.8）滞后阶数 $p-1$ 的选择根据 Akaike 信息准则。ADF 检验统计量 τ 即参数 λ' 的估计值与其标准差之比。观测量 $n = 70$ 时，1%、5% 和 10% 的临界值分别为 −3.53、−2.90 和 −2.59 （MacKinnon，1996）。

总体上，缺乏充足的理由认为近代中国的汇率与 PPP 一致。对此的一种解释是：中国和国际市场间的商品贸易成本高且不稳定，所以商品套利不易进行，偏离 PPP 时实际汇率也缺乏向其回复的动力。这意味着近代中外市场整合的程度很低。当然，正如前面所解释的还存在另一种可能，由于交易成本的存在 y_t 本身是非线性过程，误设为线性过程时便很可能认为它存在单位根。

y_t 线性检验 [方程（1.9）] 结果见表 1 - 2，其中年度数据滞后阶数 p 设定为 1，而月度数据滞后阶数设定为 2。两种情形下线性模型均被拒绝。

表 1 - 2　　　　　　　　　中英实际汇率线性检验结果

	年度：1867 ~ 1936	月度：1921. 1 ~ 1936. 12
F 统计量	5. 406 [0. 023]	2. 302 [0. 046]

注：方程（1.9）的滞后阶数设定为 1，[ ] 中是 F 统计量对应的 p 值。

1.4.2　ESTAR 模型

使用 1867 ~ 1936 年度数据，关于模型（1.4）的估计结果见表 1 - 3 第一列。由于是年度数据，作者本着简约原则设定滞后阶数 $p = 1$。模型的残差不存在序列相关，表明该滞后阶数是合适的。[①] 另外，对残差 ARCH 效应进行拉格朗日乘子（LM）检验的结果表明，残差序列不存在 ARCH 效应。线性检验的结果表明残差也不再具有非线性特征。相比表 1 - 1 中线性 AR 模型的结果，ESTAR 模型估计的残差方差减小了约一成。

---

① 事实上，设定 $p = 2$ 时重新估计模型，π_2 和 π_2^* 的估计值均与零无显著差异。

表 1 – 3 　　　　　　　　ESTAR 模型估计结果，年度数据

	ESTAR 1	ESTAR 2 （约束 $\pi_1 = 1$）
c	0. 024　(0. 019)	0. 020　(0. 017)
π_1	1. 077　(0. 219 ***)	1
π_1^*	– 0. 546　(0. 336 *)	– 0. 441　(0. 180 **)
γ	9. 013　(5. 572 *)	8. 764　(4. 567 *)
h^*	– 0. 182　(0. 073 **)	– 0. 188　(0. 086 **)
σ	0. 082　(0. 004 ***)	0. 082　(0. 004 ***)
Log likelihood	74. 505	74. 398
残差检验		
Q_1	2. 999　[0. 083]	2. 570　[0. 109]
Q_2	3. 303　[0. 192]	2. 953　[0. 228]
Q_3	4. 503　[0. 212]	3. 938　[0. 268]
ARCH（1）	0. 088　[0. 767]	0. 078　[0. 780]
ARCH（2）	0. 143　[0. 930]	0. 130　[0. 937]
ARCH（3）	0. 408　[0. 938]	0. 316　[0. 956]
F 统计量（$p=1$）	0. 608　[0. 547]	0. 543　[0. 582]
修正系数		
$\pi_1 - 1$	0. 077	0
$(\pi_1 + \pi_1^*) - 1$	– 0. 469	– 0. 441
$v = \sigma_E^2 / \sigma_L^2$	0. 909	0. 909

注：第一列 "ESTAR 1" 是模型（1.4）的估计（其中 $p=1$），第二列 "ESTAR 2" 是在 ES-TAR 1 中约束 $\pi_1 = 1$ 的估计。( ) 中是标准差，***、** 和 * 分别表示在 1%、5% 和 10% 水平上显著。σ 为残差序列的标准差，Log likelihood 是对数似然值。Q_i 为残差的第 i 阶 Ljung – Box Q 统计量，ARCH（i）为残差第 i 阶 ARCH 效应进行检验的 LM 统计量，"F 统计量" 是应用公式（1.9）对残差进行线性检验的 F 统计量，[ ] 中是 p 值。方差比统计量，$v = \sigma_E^2 / \sigma_L^2$，$\sigma_E^2$ 是 ESTAR 模型的残差方差，σ_L^2 是表 1 – 1 中相应的线性 AR 模型的残差方差。

π_1 的估计值为 1. 077，非常接近于 1。而 π_1^* 估计值为 – 0. 546，显著小于 0。π_1 与 π_1^* 之和为 0. 531。当上一期实际汇率偏离均值很小（G 接近于零）时，y_t 服从自回归系数为 1. 077 的 AR（1）过程。此时的修正系数 $\pi_1 - 1 = 0. 077$，y_t 是发散性过程。而当上一期实际汇率偏离均值很大（G 接近于 1）时，y_t 服从自回归系数为 0. 531 的 AR（1）

过程。此时的修正系数 $(\pi_1 + \pi_1^*) - 1 = -0.469$，$y_t$ 是均值自反的，半衰期为 1.10 年 $[= \ln(0.5)/\ln(0.531)]$。

以上只是模型的两类极端情形，一般地，修正系数 $\pi_1 + \pi_1^* G(y_t) - 1$ 随 y_{t-1} 的不同取值而变动。因 $0 < G < 1$，所以修正系数处于 $[-0.469, 0.077]$。转移函数 G 中，γ 的估计值为 9.013，显著异于零，这也表明了采用非线性模型的必要性。给定 y_{t-1} 的不同值，转移函数的取值见图 1 - 3。① 显然，实际汇率向均衡值回复的速度并非常数，而是与其偏离的幅度有关：偏离均值越远，回复速度越快。对比表 1 - 1，线性 AR 模型的修正系数为 -0.214，或者说半衰期恒为 3 年。AR 估计的收敛速度落在 ESTAR 模型两类极端情形中间。实际汇率本身是非线性过程，而如果研究者误以简化的线性过程来估计，往往会低估向 PPP 回复的速度。

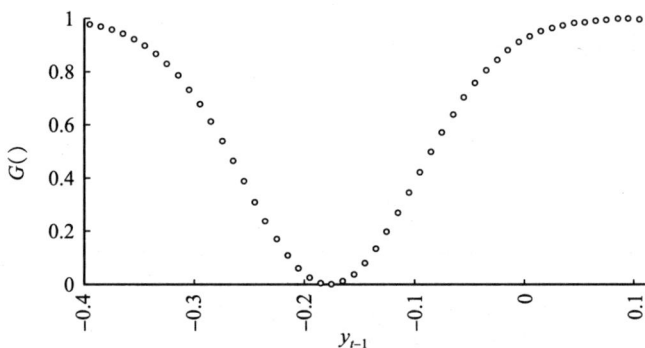

图 1 - 3　转移函数 $G(y_{t-1})$，月度 ESTAR

因 π_1 的估计值非常接近于 1 且统计上与 1 并无显著差异，这里约束 $\pi_1 = 1$——即假定在均值附近实际汇率服从随机游走过程——重新估计 ESAR 模型，结果见表 1 - 3 第二列。与无约束模型相比，约束模型

---

① h^* 的估计值显著小于 0。转移函数以 -0.18 而不是以 0 为中值，这意味着 y_t 的样本均值与 PPP 均衡值存在偏离。

中其他参数的估计结果没有实质变化，残差仍然具有良好的白噪声性质。并且，约束模型中残差的标准差没有上升，对数似然值也几乎没有下降。这表明 $\pi_1 = 1$ 是一个合理假定。由于 γ 和 h^* 的估计值与无约束模型相比基本不变，转移函数 $G(y_{t-1})$ 与图 1 - 3 基本重合，不再画出。此时 π_1^* 为 - 0.441，显著小于 0。当 $G = 1$ 时，y_t 服从自回归系数为 0.559 的 AR（1）过程，修正系数 $(\pi_1 + \pi_1^*) - 1 = -0.469$。$y_t$ 的半衰期为 1.19 年，与无约束时的估计结果十分接近。

根据表 1 - 3 中 ESTAR 2 模型的估计结果，作者计算了 y_t 对于不同程度冲击的脉冲响应函数，见图 1 - 4。[①] 表 1 - 4 给出了不同程度冲击下 y_t 的半衰期。作为对比，其中还列出了表 1 - 1 中线性 AR 模型的半衰期。可以看出，对于不同程度的冲击，实际汇率回复的速度差别极大：冲击较大时回复很快，而冲击较小时则接近随机游走，偏离是长期

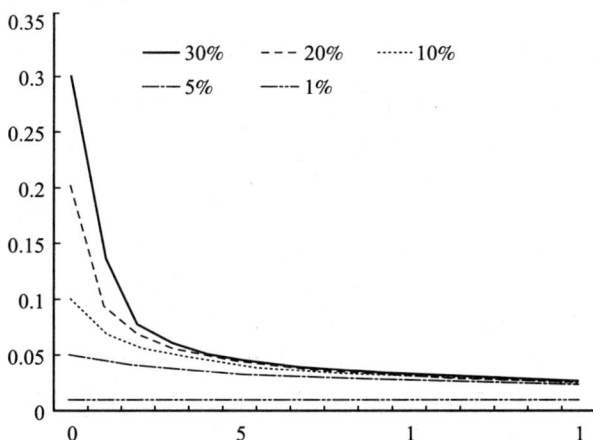

图 1 - 4　ESTAR 模型的脉冲相应函数

① 具体地：（1）以表 1 - 3 中 ESTAR 2 模型参数，设定均衡汇率 h^* 作为初始滞后值 y_{t-1}，扰动项取自标准差为 σ 的正态分布，生成以后 20 期的序列 y_t，y_{t+1}，…，y_{t+20}。（2）在 t 期新加入一个外生冲击，重复第一步程序。（3）取前两步模拟中的 $y_{t+j}(j = 0, 1, …, 20)$ 差值，记为 d_{t+j}。（4）重组以上步骤 1000 次，得到 d_{t+j} 的均值，即为脉冲响应函数。选择 ESTAR 2 的估计参数而不是 ESTAR 1 估计参数进行模拟，是因为后者在均衡值附近 y_t 为发散过程。

持续的。线性模型下得到的 3 年的半衰期，可视作是"大的冲击"和"小的冲击"两类情形的"平均"，这种平均掩盖了实际汇率行为的非线性特征。

表 1 – 4　　　　　　　　　不同程度冲击下偏离率的半衰期

冲击程度	30%	20%	15%	10%	5%	1%
ESTAR 半衰期（年）	1.19	1.27	1.95	4.50	17.5	大于50
AR 半衰期（年）	2.94	2.94	2.94	2.94	2.94	2.94

月度数据的估计结果见表 1 – 5，其中第一列是设定 $p=2$ 时的结果。模型的残差特征良好：不存在序列相关和 ARCH 效应，也不再具有非线性特征。[①] 月度数据所得到的实际汇率非线性调整的特征与年度数据的结果没有本质区别。$\pi_1 + \pi_2 > 1$，意味着在 PPP 附近 y_t 是发散性过程。不过，$\pi_1 + \pi_1^* + \pi_2 + \pi_2^* < 1$，意味着大幅偏离 PPP 时 y_t 仍是均值自反的，此时平均而言偏离率将在一月内缩小 10.5%，即半衰期为 6 个月 $[= \ln(0.5)/\ln(1 - 0.105)]$。与年度数据相似的是，月度数据也呈现明显的非线性特征。不过，当 y_t 大幅偏离 *PPP* 时，月度数据估计出的 y_t 的均值自反速度明显快于年度数据估计出的结果，月度数据估计的半衰期仅为年度数据半衰期的一半。这提供了一定的证据：中国和国际市场的整合程度在随着时间而提高。月度样本期处于两次世界大战之间，国际和国内的政治局势相对平稳，并且与晚清时期相比，此时的交通和通讯工具有了极大的进步。这些都会影响到国际商品套利和外汇市场上汇率的调整。不过应该强调的是，月度数据使用的是上海批发物价指数，而前述年度数据使用的中国进出口物价指数，由于数据集不同，对结果的对比也就应该持谨慎态度。转移函数中 γ 的估计值仍是显著大于零

---

① 设定 $p=3$ 时 π_3 和 π_3^* 的估计值与零无显著差异，因此这里不再将模型设定为 3 阶或 3 阶以上。

的，这证明了非线性模型的必要性，转移函数见图 1 - 5。

表 1 - 5 第二列是设定 $p = 1$——或者说，约束 $\pi_2 = \pi_2^* = 0$——时的结果。残差检验表明存在显著的序列相关性，这表明设定 $p = 1$ 时模型过于简化了。不过，修正系数与第一列中的结果十分接近，转移函数的估计结果也基本相同。这说明 $p = 2$ 时模型具有良好的稳健性。

表 1 - 5　　　　　　　　ESTAR 模型的估计结果，月度数据

	ESTAR 1	ESTAR 2（约束 $\pi_2 = \pi_2^* = 0$）
c	-0.011 (0.005)	-0.011 (0.005)
π_1	1.499 (0.171 ***)	1.128 (0.097 ***)
π_2	-0.355 (0.152 **)	
π_1^*	-0.333 (0.200 *)	-0.250 (0.134 *)
π_2^*	0.084 (0.186)	
γ	6.655 (2.348 ***)	6.833 (3.211 **)
h^*	0.091 (0.039 **)	0.101 (0.046 **)
σ	0.036 (0.001 ***)	0.038 (0.001 ***)
Log likelihood	361.421	351.974
残差检验		
Q_1	0.009 [0.921]	16.89 [0.000]
Q_2	0.011 [0.994]	17.47 [0.000]
Q_3	0.159 [0.984]	18.16 [0.000]
ARCH (1)	0.131 [0.717]	6.396 [0.011]
ARCH (2)	1.904 [0.386]	6.038 [0.050]
ARCH (3)	2.337 [0.505]	4.575 [0.102]
F 统计量（$p = 1$）	0.306 [0.736]	1.104 [0.333]
修正系数		
$(\pi_1 + \pi_2) - 1$	0.144	0.128
$(\pi_1 + \pi_1^* + \pi_2 + \pi_2^*) - 1$	-0.105	-0.122
$v = \sigma_E^2 / \sigma_L^2$	0.946	1.054

注：ESTAR 2 的估计中，因为参数难以收敛，作者先验约束 π_1^* 为负值。具体地，设定 $\pi_1^* = -\exp(\alpha)$。α 的估计值和标准差分别为 -1.516 和 0.504。在 α 正态分布假定下，π_1^* 服从对数正态分布，容易计算 π_1^* 的估计值和标准差分别为 -0.250 和 0.134。详细的计算公式见 Campbell 等（1997，第 15 页）。其他说明同表 1 - 3。

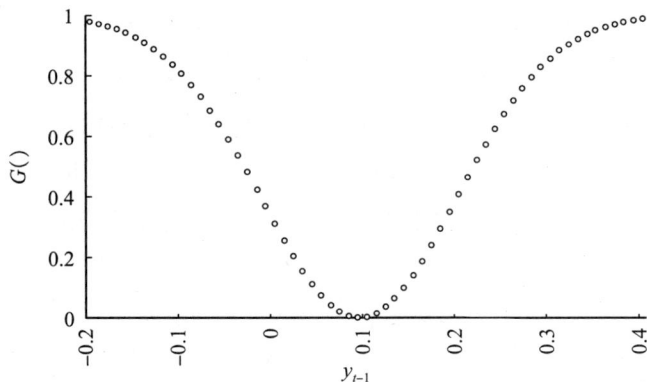

图 1-5 转移函数 $G(y_{t-1})$，月度 ESTAR

1.5 本 章 小 结

以往的实证研究一般认为实际汇率会长期偏离 PPP，加之单位根检验技术一般具有较低的"势"（power），研究者往往会认为长期 PPP 并不成立。本章则提供了一个不同的分析方法。考虑到交易成本的效应，采用非线性模型对近代实际汇率进行建模更为合适。中国近代的实证结果表明，偏离的幅度越大，实际汇率向均衡值回复的动力就越强。而偏离幅度很小时实际汇率是随机游走或者发散过程，会持久地偏离 PPP。这与 Dumas 等人的理论模型结果是一致的。这样，实际汇率尽管会长期偏离 PPP，却仍然是整体平稳的均值自反过程。并且，实际汇率均值回复的速度并不像传统线性模型估计出的那么缓慢，在偏离较大的情况下其均值自反的速度是相当快的。

1867~1936 年中英年度数据表明，偏离率极大时的半衰期仅约为 1 年（1921~1936 年月度数据的半衰期则更短），这远小于传统线性模型下估计出的 3 年半衰期。近代中国的经验提供了对 PPP 的支持证据。线性模型的结果掩盖了实际汇率行为的非线性特征。两代"PPP 之谜"可以在一定程度上通过交易成本以及由此导致的实际汇率非线性特点进行解释。这也表明，19 世纪后半期随着中国闭关锁国状态被打破，中国与国际市场的整合进程已经开始。

需要说明的是，由于数据局限，年度数据中本章使用的是中国进出口商品价格指数，该指数仅度量了中国的贸易品价格而不是全部商品价格。该指数能够灵敏地反映出商品套利对我国价格的影响，因此，相比使用全部商品价格指数，它估计出的实际汇率调整速度可能更快。不过，使用上海的月度商品批发价格指数也得出了偏离较大时，实际汇率快速均值自反的结论。

参考文献：

1. Adler, Michael, and Lehmann Bruce, "Deviations from Purchasing Power Parity in the Long Run", Journal of Finance, 1983, 38, 1471 – 1487.

2. Anderson, Jemes E. , and Eric van Wincoop, "Trade Costs", Journal of Economic Literature, 2004, 42, 691 – 751.

3. Benninga, Simon, and Aris Protopapadakis, "The Equilibrium Pricing of Exchange Rates and Assets When Trade Takes Time", Journal of International Economics, 1988, 7, 129 – 149.

4. Campbell, John Y. , Andrew W. Lo and Mackinlay C. , The Econometrics of Financial Markets. New York: Princeton University Press, 1997.

5. Corbae, Dean, and Ouliaris Sam, "Cointegration and Tests of Purchasing Power Parity", Review of Economics and Statistics, 1988, 70, 508 – 511.

6. Darby, Michael R. , "Movements in Purchasing Power Parity: The Short and Long Runs", In The International Transmission of Inflation, edited by Michael R. Darby and James R. Lothian. Chicago: University of Chicago Press, 1983.

7. Dornbusch, Rudiger, "Expectations and Exchange Rate Dynamics", Journal of Political Economy, 1976, 84, 1162 – 1176.

8. Dumas, Bernard, "Dynamic Equilibrium and the Real Exchange Rate in a Spatially Separated World", Review of Financial Studies, 1992, 5, 153 – 180.

9. Huizinga, John, "An Empirical Investigation of the Long – Run Behavior of Real Exchange Rates", Carnegie – Rochester Conference Series on Public Policy, 1987, 27: 149 – 214.

10. Lothian, James R. , and Taylor Mark P, "Real Exchange Rate Behavior: The Recent Float from the Perspective of the Past Two Centuries", Journal of Political Economy, 1996, 104, 488 – 509.

11. MacKinnon, James G. , "Numerical Distribution Functions for Unit Root and Cointegration Tests", Journal of Applied Econometrics, 1996, 11, 601 – 618.

12. Mark, Nelson C. , "Real and Nominal Exchange Rates in the Long Run: An Empirical Investigation", Journal of International Economics, 1990, 28, 115 – 136.

13. Michael, Panos, A. Robert Nobay, and David A. Peel, "Transactions Costs and Nonlinear Adjustment in Real Exchange Rates: An Empirical", Journal of Political Economy, 1997, 105, 862 – 879.

14. Murray, Christian and David H. Papell, "The Purchasing Power Parity Persistence Paradigm", Journal of International Economics, 2002, 56, 1 – 19.

15. Obstfeld, Maurice, and Alan Taylor, "Nonlinear Aspect s of Goods2Market Arbitrage and Adjustment: Heckscher's Commodity Point s Revisited", Journal of the Japanese and International Economies, 1997, 11, 441 – 479.

16. Obstfeld, Maurice, and Kenneth Rogoff, "The Six Major Puzzles in International Macroeconomics: Is There a Common Cause", NBER Working Paper, No. 7777, 2000.

17. Obstfeld, Maurice, and Kenneth Rogoff, "Exchange Rate Dynamics Redux", Journal of Political Economy, 1995, 103, 624 – 660.

18. O'Rourke, Kevin, and Williamson Jeffrey, "After Columbus: Explaining Europe's Overseas Trade Boom, 1500 – 1800", Journal of Economic History, 2001, 62, 417 – 456.

19. Raff, Dan, Susan Wachter, and Yan Se, "Real Estate Prices in Beijing, 1645 – 1840", forthcoming, Explorations in Economic History.

20. Rogoff, Kenneth, "The Purchasing Power Parity Puzzle", Journal of Economic Literature, 1996, 34, 647 – 668.

21. Samuelson, Paul A. , "Spatial price equilibrium and linear programming", American Economic Review, 1952, 42, 283 – 303.

22. Shiue, Carol, and Keller Wolfgang, "Markets in China and Europe on the Eve of the Industrial Revolution", American Economic Review, 2007, 97, 1189 – 1216.

23. Terasvirta, Timo, "Specification, Estimation, and Evaluation of Smooth Tran-

sition Autoregressive Models", Journal of the American Statistical Association, 1994, 89, 208－218.

24. Wong, Bin, and Peter Perdue, "Grain Markets and Food Supplies in 18th Century Hunan", in Chinese History in Economic Perspective. Thomas Rawski and Lilian Li (eds.), Los Angeles: University of California Press, 1992.

25. 陈春声：《清代中叶岭南区域市场的整合》，载于《中国经济史研究》1993年第 2 期。

26. 冯年华：《中国之指数》，载于《经济统计季刊》1932 年第 1 卷第 2 期，第397～322 页。

27. 何廉：《中国六十年进出口物量指数物价指数及物物交易指数》，南开大学社会经济委员会单行本，1930 年。载于孔敏编：《南开经济指数资料汇编》，中国社会科学出版社 1988 年版，第 552～572 页。

28. 贺水金：《论近代中国银本位制下的汇率变动》，载于《社会科学》2006年第 6 期。

29. 孔敏主编：《南开经济指数资料汇编》，中国社会科学出版社 1988 年版。

30. 邱冬阳：《人民币 PPP——1997～2005 年数据的协整分析》，载于《经济研究》2006 年第 5 期。

31. 吴大业：《百年来金银比价变动之原因及其影响》，载于《经济统计季刊》1932 年第 1 卷第 1 期，第 1～79 页。

32. 吴大业：《金银本位国间金银货流动的原则及中国金银货进出口的解释》，载于《经济统计季刊》1933 年第 2 卷第 2 期，第 351～381 页。

33. 严中平：《中国近代经济史统计资料选辑》，科学出版社 1955 年版。

34. 颜色、刘丛：《18 世纪中国南北方市场整合程度的比较——利用清代粮价数据的研究》，载于《经济研究》2011 年第 12 期。

35. 张卫平：《PPP 非线性检验方法的进展回顾及其对人民币实际汇率的应用》，载于《经济学（季刊）》2007 年第 6 卷第 4 期。

36. 张晓朴：《PPP 思想的最新演变及其在人民币汇率中的应用》，载于《世界经济》2000 年第 9 期。

37. 中国科学院上海经济研究所编：《上海解放前后物价资料汇编》，上海人民出版社 1959 年版。

第2章

国际银价、白银流动与大萧条时期中国的衰退

本章导读

　　本章重新解释了20世纪30年代早期美国的白银收购政策对中国经济和币制改革的影响。近年来，不少研究者根据商品本位下的自由银行模式来理解大萧条时期的中国经济，认为这一制度保证了中国充裕的货币供给，由此避免了大萧条向国内蔓延。笔者认为，在美国白银收购政策之前的确如此，然而白银收购政策导致了中国银元大量流出，引起了严重的通货紧缩和经济衰退，并最终迫使中国放弃了银本位。这一时期的中国货币史为大萧条原因的研究提供了"自然试验场"，它进一步验证了货币因素在导致大萧条加深和蔓延过程中的作用。另外，1929～1935年间国际银价的大幅波动对中国的银进出口量有着立竿见影的效果，这也表明抗日战争前的中国市场与国际市场已经高度整合。

2.1 引　言

　　在20世纪，宏观经济学有两次革命性变化都与1929～1933年那场史无前例的大萧条有关。第一次是1936年，凯恩斯（J. M. Keynes）的《就业、利息和货币通论》将大萧条理解为市场竞争体系的失败，以及货币政策无用论的明证。凯恩斯主张政府利用财政政策进行总需求管理，这一

观点对后世产生了深刻的影响。第二次是 1963 年，Friedman 和 Schwartz 的《美国货币史》引领了反凯恩斯的思考。他们重新评论了大萧条，认为大萧条的原因在于美联储在 1930 年的银行恐慌中没有充当好"最后贷款人"的角色，大面积的银行倒闭引起了货币供给紧缩，进而导致了国内需求和就业衰退（Schwartz，2008）。货币政策并非无能为力，相反，"大萧条实际上以一种悲剧性的方式印证了货币因素的重要性"（Bernanke，2008）。

统计资料表明，1929 ～ 1933 年美国的货币存量、工业产出和物价一同下跌，随后的几年中又一同回升。理解这种联动关系的关键在于，是不是货币供给的变动带动了其他要素？或者，货币供给的变化仅仅是对经济状况变化的被动反应？或者，存在其他因素决定了货币、产出和物价的共同变动？这类问题的答案至关重要，它们在理论上可以看作是对 Friedman "货币数量论"的检验，实践中对货币当局应付经济衰退而进行政策工具选择时也提供了重要的历史借鉴。回答上述问题的一个有效方法是，选取一个货币供给外生变动——货币受与经济状况无关的刺激而增加或减少——的时期来观察其他两个变量的反应，如果其他要素紧随货币供给变动，那就意味着是货币带动了其他要素。现实经济中的这种"自然试验场"并不多见，因为一般情况下货币的供给和需求是对经济状况的内生反应，在历史上盛行时间最长的金本位时代里，由于新矿发现或者冶炼技术进步导致的黄金存量的增加一般很缓慢，因而很难把货币供给变动与其他因素的效应区分开来。

不过，大萧条期间中国的经历为这种试验提供了理想场地，因为当时中国货币供给的变动可以视作是纯粹的外生变动。如果货币紧缩是经济衰退的原因，那么当时由于金本位限制而被动跟随美国进行货币紧缩的国家，理应遭受严重衰退。[1] 而中国是当时唯一实行银本位制的大

---

①　Friedman 和 Schwartz（1963）举出大萧条中的一些国家为例，表明受金本位限制越严厉的国家（也就是受美国货币紧缩政策影响越大的国家），物价和产出下降的也越严重。这一结论得到了后来不少研究者的进一步论证，例如 Choudhri 和 Kochin（1980），Eichengreen 和 Sachs（1985），Bernanke 和 James（1991）。

国，由于白银在国际上仅是一种普通商品，中国与占主导地位的金本位制国家相当于维系着浮动汇率。银价下跌相当于中国货币（银元）贬值，中国货币不会随着其他国家一同紧缩，浮动汇率将使得中国国内经济与席卷世界的大萧条隔离开来。那么，中国的史实支持这种理论预测吗？1933 年美国开始高价收购白银，大量银元流出中国，这会不会导致中国的货币紧缩，进而经济衰退呢？

由于特殊的货币制度，这段中国经济史的研究很具价值，这既是对货币数量理论的检验，也是对经济萧条原因和对策的探究。正如 Bernanke（1995）所言，对今天的经济学家来说，关于大萧条的解释仍然是魅力无穷的智力挑战。然而当代经济学研究者对这段史料的发掘却较为有限。几位具有影响力的宏观经济学家曾对这段中国经济史做过研究，例如 Friedman（1992），Brandt 和 Sargent（1989），然而结论却大相径庭。本章综合考虑这一阶段中的各种宏观经济指标，诸如银价、汇率、货币存量、利率、物价和总产出水平，力图对世界经济大萧条期间中国的宏观经济状况做出判断，进而探讨 1935 年中国法币改革——放弃历史上长期施行的银本位，代之以不可兑换的法币——的原因。这有助于进一步检验货币因素在导致大萧条加深和蔓延中的作用，并为货币当局应对 2008 年以来世界范围的经济衰退提供政策参考。

本章以下第 2.2 节回顾美国白银收购政策的背景以及研究者关于该政策对中国经济影响的争议；第 2.3 节考察中国的通货紧缩情况；第 2.4 节分析中国白银流出与通货紧缩之关系；第 2.5 节探讨中国的实体经济状况；第 2.6 节在 Brandt 和 Sargent（1989）讨论的背景下考察中国的进出口贸易；最后是本章小节。

2.2　美国白银购买法案及中国的法币改革

20 世纪 30 年代初开始的经济大萧条极大打击了大宗商品——包括

白银——的价格。银价从 1928 年的每盎司 58 美分下降到 1932 年的 27 美分（见表 2 - 1）。尽管白银工业在美国经济中并不占有重要地位，然而对于白银生产比较集中的西部七州（犹他、爱达荷、亚利桑那、蒙大拿、内华达、科罗拉多和新墨西哥州）却很重要，而来自这七个产银州的议员控制了参议院中 1/7 的投票权。罗斯福总统需要白银集团的支持以便通过新经济政策的一系列法案。1934 年 6 月通过的《白银收购法案》便是政府取悦白银集团的后果。法案授权美国财政部在国内外市场收购白银，直到白银价格达到每盎司 1.29 美元或者财政部白银储备的价值达到了黄金储备的 1/3（Friedman and Schwartz，1963，第 485 页）。该法案以及随后宣布的白银国有，刺激了银价直线上涨。[1] 1934 年 6 月之后的一年时间内，伦敦和纽约的大条银块价格分别上涨 70% 和 66%（中国科学院上海经济研究所，1959，第 13 页）。1935 年的平均银价已超过 1928 年水平。

表 2 - 1		银价与中国银元汇率		
	纽约银价（1 盎司合美分）	中国银元汇率		
		1 银元合美分	1 银元合先令	1 银元合日元
1928	58.5	45.9	1/10.7[a]	0.99
1929	53.3	41.5	1/8.5	0.90
1930	38.5	29.9	1/2.7	0.60
1931	29.0	22.1	0/11.9	0.46
1932	27.5	21.5	1/2.7	0.77
1933	35.0	26.1	1/2.8	1.01

---

[1]　早在 1933 年 5 月美国国会通过的《托马斯修正案》中，即授权政府可按每盎司 50 美分的价格收购白银。根据这一法案，1933 年政府已收储白银约 2000 万盎司。1933 年 12 月 21 日，罗斯福总统利用该法案的授权，进一步命令美国造币厂按每盎司 0.6464 美分（高出当时市价约 50%）价格收购国内新生产的白银（Friedman and Schwartz，1963，第 483 页）。所以，美国高价购银在《白银收购法案》之前的 1933 年实际上已经开始。

	纽约银价 （1 盎司合美分）	中国银元汇率		
		1 银元合美分	1 银元合先令	1 银元合日元
1934	48.1	33.9	1/4.1	1.14
1935	65.4	36.5	1/5.8	1.26

注：a 表示 1 先令又 10.7 便士（旧制 1 先令合 12 便士）。最后一行纽约银价和银元兑美元汇率是 1935 年 10 月（中国法币改革前一个月）的数据。

资料来源：（1）中国人民政协文史资料研究委员会编：《法币、金圆券与黄金风潮》，文史资料出版社 1985 年版，第 156 页。（2）中国科学院上海经济研究所编：《上海解放前后物价资料汇编》，上海人民出版社 1959 年版，第 112 页。

中国是当时世界主要大国中唯一仍在实行银本位的国家，白银对于当时中国并非普通商品，而是货币本位。在美国购银之前，银价的跌落从两个方面刺激了中国经济：一方面是促进对外出口。当时与中国进行贸易的主要国家基本上实行金本位制，大萧条开始后白银价格随着其他大宗商品一起急剧下降，这相当于中国银元的贬值。在 1928 年时，中国的一元银币在外汇市场上相当于 46 美分，到 1932 年只值 21 美分（见表 2-1），独特的银本位使得中国自发实行了一种类似于浮动汇率的外汇体制。银元的贬值刺激了中国的出口，1929～1931 年尽管世界总贸易的规模大幅下降了，然而中国的进出口仍然保持了稳定（见表 2-7）。银价跌落另一方面的作用是扩张国内信用。银价下跌引起了白银进口，这增加了银行的储备和货币供应（见表 2-2），货币供应量的增加促使物价上涨，商业和金融活跃（Leavens，1936；管汉晖，2007）。学术界对这一时期中国基本经济状况的认识是一致的。总体的观点是，在世界主要经济体经受严重的通货紧缩和经济衰退之苦的时候，中国却呈现温和的通货膨胀以及温和的增长（Friedman and Schwartz，1963；Rawski，1989；Brandt and Sargent，1989）。独有的银本位制以及在此基础上的浮动汇率使得中国经济与席卷世界的大萧条隔离开来。

然而，对购银法案之后中国经济状况的认识学术界则存在严重分

歧，从而对 1935 年中国"法币改革"真实动因的理解也截然相反。美
国高价购银导致中国银元大量流出。Friedman 和 Schwartz 认为这造成了
中国严重的通货紧缩和经济衰退，也导致 1935 年中国政府被迫进行法
币改革。然而最近 20 年来有不少学者对这种观点提出了挑战。Rawski
（1989）以及 Brandt 和 Sargent（1989）认为 Friedman 等的论点不符合
历史实际，因为美国的白银购买计划没有引起中国通货紧缩、生产停
滞。他们重新估算了大萧条时期中国的货币存量，认为美国购银之后中
国尽管有大量白银外流，但银行发行的纸币及银行存款的增加使得总的
货币供给并没有减少，并且中国的实际产出也没有衰退。这一时期中国
的物价水平虽然下降，但这应解释为是"一价定律"作用的结果，而
不是通货紧缩。也就是说，白银价格上涨使得以银价计算的国际商品价
格下跌，由国际和国内价格之间的套利所导致国内商品价格水平下降。
与这一观点相对应，Brandt 和 Sargent（1989）认为当时国民政府进行
法币改革只是为了从白银升值中获利，从民间攫取白银以便于高价出
口，并趁机去除银本位施加给政府扩张性财政政策的限制，以便在未来
发行低利率的国债。总之，与 Friedman 等的观点相反，他们认为中国
政府的币制改革是主动的，并非美国白银收购政策所迫。

　　以下综合考虑货币、物价、产出等经济活动指标，对世界经济大
萧条期间中国的宏观经济状况以及美国白银收购政策的影响做出自己
的判断。

2.3　中国的通货紧缩

2.3.1　通货

　　1935 年 11 月法币改革以前，中国没有起实际作用的中央银行，自
由银行业特点明显。私人银行保证其发行的钞票能自由兑换成白银，而
政府并不提供明确的存款保险。中国银行业发行的纸币是建立在 100%

储备基础上的，其中至少 60% 是白银、黄金和外汇，其余不超过 40% 是政府债券。

中国的银行体系包括政府银行、地方商业银行与外商银行。政府银行包括中央银行、中国银行和交通银行。如上所述，在 1935 年之前，中央银行并不具备现代意义上中央银行之"银行之银行"职能，既不能使用贴现政策，也不能进行公开市场购买，在业务上它与其他商业银行是处于竞争地位的。中央银行与其他两个银行都享有独立发行纸币的权利。除了政府银行之外，不少地方商业银行与外商银行也具有发行钞票的权力。"大别言之，今日有（纸币）发行权之银行约有三种，即内国银行、省市银行及外商银行。故实际上纸币仍甚形复杂……以各银行发行数量而言，实以内国银行为最，省市银行次之，外商银行复次之，其他不合法纸币则最少"（唐永庆，1937）。这种自由银行制度使得研究者难以精确统计全社会纸币发行总量。

币改前中国流通中货币的估计量见表 2-2。第 2 列是银元存量估计，1921～1934 年的银元存量数据来源于 Leavens（1935），1935 年的银元存量的估计在 1934 年基础上，减去中国白银净出口而得。海关统计的银净出口数据来源于当时海关贸易年刊和月报（中国科学院上海经济研究所，1959，第 109 页）。值得说明的是，美国宣布白银国有之后，为了抑制白银外流，1934 年 10 月 15 日政府开始征收白银出口税和平衡税，于是大量白银外流由公开出口转为走私。1935 年海关统计的银元出口数字为 5900 万，未能列入海关统计的走私规模远高于此。根据《白银市场年报》（Hardy et al.），1935 年中国净出口（含海关统计的出口额和走私）白银 1.9 亿金衡盎司，折合 2.5 亿银元（每银元约含纯银 23.5 克）。与《中国银行营业报告》估计的数字相似，1935 年中国净出口白银 2.3 亿银元（转引自《中华民国货币史资料第二辑》，第 158 页）。以《白银市场年报》的估计为基础，假定 1935 年前 10 个月净出口白银占全年的 5/6（2.08 亿元），在表 2-2 中，在 1934 年存量上减掉前 10 个月净出口得到 1935 年 10 月的银元存量。[1]

第 3 列是纸币数字。法币改革之前，国内银行中享有纸币发行权的主要是 10 家位于上海的银行。其中势力最大的是三家政府银行：中央银行、中国银行和交通银行；其他还有浙江兴业、中国实业、四明、中国农工、中国通商、中国垦业和四行准会。同样，1935 年的纸币存量截至 10 月份。在作者估算的修正的货币总量中，1934 年底相对于前一年下降 9.5%，1935 年 10 月相对于 1934 年底又进一步下降 8.6%。货币紧缩现象是非常明显的。

表 2 - 2　　　　　　　　　中国流通中货币估计　　　　　单位：百万元

年份	银元（含银块）[a]	主要银行纸币发行量[b]	货币总量[c]	货币总量（修正）[d]
1921	1276	95	1371	1314
1922	1338	115	1453	1384
1923	1443	140	1583	1499
1924	1484	151	1635	1545
1925	1581	205	1786	1663
1926	1664	229	1893	1756
1927	1765	262	2027	1870
1928	1931	309	2240	2055
1929	2096	350	2446	2236
1930	2200	413	2613	2365
1931	2271	393	2664	2428

[1]　与当时的其他资料互相印证，白银净出口的估计数字可信度较高。当时日本为牟利和扰乱中国金融秩序，依据其占领区优势，大规模武装走私白银。据美国商务部统计，1935 年前九个月，日本出口白银总数共值 1.44 亿日元，而上年同期仅为 0.07 亿日元。"就所知日本存银及日本登记的白银输入比较之，不应若是之多"（1935 年 12 月 20 日路透社华盛顿电，转引自张家珂："新币制与美国银政策的反应"，《钱业日报》十六卷一期）。显然，其中大部分是由中国偷运出口的。日本《日日新闻》也曾报导："昭和十年（1935）……从 1 月至 9 月，由上海向日本走私输出的白银约有 144155000 日元，……日本输出之白银主要是由中国走私之白银"（中国人民政协文史资料研究委员会，1985，第 21 页）。1935 年中国银元兑日元的均价为每银元合 1.2623 日元（中国科学院上海经济研究所，1959，第 112 页），据此计算 1935 年前 9 个月仅向日本的走私量即合银元 1.14 亿。

续表

年份	银元（含银块）[a]	主要银行纸币发行量[b]	货币总量[c]	货币总量（修正）[d]
1932	2260	430	2690	2432
1933	2246	494	2740	2444
1934	1986	563	2549	2211
1935. 10	1778	607	2385	2021

注：a 1921~1934 年的银元存量数据来源于 Leavens（1935）。1935 年的数据截至该年度 10 月份（币制改革前一个月）。银元存量的估计在上年度基础上，减去该年度前 10 个月中国的白银净出口。

b 纸币发行量仅包括主要 10 家银行发行量。"除了以上 10 家银行外，尚有其他若干较小之机关，亦曾有（纸币）发行权，惟发行数量极小，不过十数万元而已，此外，……多数无发行权之银行及分支行，得付与有发行权之银行或其总行 60% 之现金准备，及 40% 之证券准备，领券代发"（唐永庆，1937）。因此，要想精确统计当时的纸币存量几乎是不可能的。在 Leavens（1935）和唐永庆（1937）对中国纸币的统计中，均仅考虑了 10 家上海银行的发行量。1934 年以前的纸币发行量取自 Leavens（1935）和唐永庆（1937）。1935 年 10 月的纸币发行量同样加总这 10 家银行而得：其中中央银行、中国银行和交通银行三家纸币发行量数据摘自《上海解放前后物价资料汇编》第 111 页。其他 7 家非政府银行纸币发行量摘自中国银行总管理处经济研究室编制的民国二十五年《全国银行年鉴》（下篇）S85~S123 的统计（吴岗，1958，第 9~10 页）。

c 第 4 列是前两列（银币和纸币）的简单加总（Rawski，1989，第 312~400 页），在统计中国货币总量时采用该方法。然而，当时银行发行纸币时需要至少 60% 的银或外汇作为储备，Rawski 忽略了这一点，这将导致货币的重复计算。

d 最后一列是货币总量的修正值，扣减了 60% 的纸币。不过，1930 年以后外汇作为纸币储备的比例有上升趋势，这一修正方法又有过度之嫌。实际的流通中货币总量应该处于表中后两列数字之间。

表 2-2 中未包含外商银行在华发行的纸币。外商银行在民国初年时纸币发行数量较大，但后来流通数量锐减，而且流通区域狭小。到币改前夕，相比于国内银行纸币发行量已基本可以忽略。以上海为例，民国初年，流通纸币中 77% 为外商银行所发，而到 1934 年 4 月，上海流通纸币 3.23 亿元，其中 99%（约 3.20 亿元）均为国内银行发行（唐永庆，1937）。"溯自 1840 年海禁开后，外商银行在各通商口岸设立银行，得有（纸币）发行权者有 11 家……其流通之领域，亦不过租界及租界附近一带而已。……其外商银行纸币之流通，约不足 500 万元"

（吴岗，1958，第 31 页）。①

Rawski（1989，第 394 页）认为，尽管由于白银出口导致中国的银元流通数量下降厉害，然而银行纸币和银行存款的增长大大抵消了银元的减少。所以加上银行存款之后的货币总量 1933 年之后仍在上升。然而表 2－2 表明，美国购银之后至中国币改之前，银行发行的纸币尽管有增长，但并不足以弥补银元的下降。那么，货币总量的上升只能归因于银行存款的增长。不过有两个方面的理由使得我们应谨慎理解当时的银行存款数据。第一，Rawski 所估计的银行存款数据并未排除中国银行业内部即银行之间的存款——这一数据不可得，因此 Rawski 的存款数据会有高估。第二，当时的现代银行和外商银行集中于上海，主要为上海和国际金融业的交易活动提供流动性服务。对于当时经济落后的中国，银行业是否与实体经济密切相关值得怀疑。"银行主要的业务是购买公债，从事金融、地产的投机和发行纸币化了的银行券，工业放款是微乎其微的。"（吴岗，1958，第 8 页）。所以 Friedman（1992）认为，当时中国的工业经济很难受惠于银行存款的增长。

2.3.2　利率

工业放款占银行资产的比例现在已难以考证，不过市场利率的变化却可以体现出货币的松紧状况。表 2－3 是上海银行和钱庄贷款利率。1934 年中期（白银开始大规模出口）以后，利率迅速上升，年底至 1935 年初，年化利率超过 30%，此后虽然回落，仍旧远高于白银收购法案之前的水平。1935 年利率在 10%～24% 之间波动，考虑到当时的物价下跌，实际利率更高。表 2－3 中的利率数据与其他史料记述一致。"去年（1934），逐日市场利率通常为 6% 左右者，此时（1935 年）已涨至 26%。竟有以最吃亏之汇率，出卖长期汇票，要求获得现金者，亦有

① 表 2－2 中未包含铜币的数量。铜币当时为辅币，相对于白银流通量较少，而且币改前几年铜币规模变化不大。例如 Rawski（1989）估计，中国 1931～1935 年流通中铜币的数量分别为 2.81，2.75，2.69，2.63，2.56，2.50（单位：亿元），逐年略有减少。

以短期借贷付30%以上之利息者"（财政部币制研究委员会，1935，第
14页）。"1934年上半年以来，利率由一般钱庄向顾客所索取相当于年
息6厘（即6%），上升到1935年1月1日的2分6厘（26%）……不
管用什么抵押品，按任何利率，借款几乎是不可能的。"[1] 依 Rawski
（1989）以及 Brandt 和 Sargent（1989）的观点，如果银行纸币和银行存
款的增长足以弥补白银的大规模输出，中国并没有出现通货紧缩，那么
很难解释这一时期异乎寻常的高利率。

表 2-3　　　　　法币改革之前的月均折息表（千元每月利息，单位：元）

月份	1934 年						1935 年								
	7	8	9	10	11	12	1	2	3	4	5	6	7	8	9
利息	5	9	12	7	19	33	22	8	8	10	13	19	20	18	14

资料来源：林维英：《中国之新货币制度》，商务印书馆1936年版，第62页。

2.3.3　物价

表 2-4 是美国白银政策前后中国的批发物价指数，作为对比，最
后一列附上了同时期美国的批发物价指数。大萧条开始后的前两年
（1929~1931年），尽管世界经济衰退，美国和其他主要资本主义国家
处于严重的通货紧缩中，然而中国却在经历温和的通货膨胀。1931年
相比萧条前的1929年，美国的价格水平下降了1/4，中国的价格水平却
上涨了20%。然而，1933年之后美国物价转而温和上涨，而中国的物
价水平却逐年迅速下降，例如1935年币制改革前上海物价水平相对于
1931年下降了28%，其他地区的物价也经历了相似的变化。[2] 从分类指

---

　① 1935 年 2 月 1 日中国驻美公使馆致美国国务院非正式备忘录，载于《中华民国货币
史资料》第 2 辑，第 117 页。

　② 中国部分沿海城市（例如上海、天津）物价水平的下降始于 1932 年，而内地城市
（例如广州、汉口、长沙）则始于 1933 年。表 2-2 显示 1932 年中国的货币供给尚未明显减
少，这是由于该年度处于世界经济大萧条最为严峻的一年（例如 1932 年 9 月的《财富》杂志
估计，美国的失业率达到创纪录的 28%），除了美国之外，中国的主要贸易伙伴先后放弃金本
位，竞相贬值本币（1931 年 9 月英镑集团脱离金本位，1932 年日元脱离金本位，英镑和日元
贬值情形见表 2-1 后两列），中国外贸以及沿海城市受到了影响。

数看，1931～1935 年各类成分都经历了严重的下降。Brandt 和 Sargent（1989）的"一价定律"观点并不能完全解释中国价格水平的下降。当时中国经济对外开放度并不是非常高，例如，1933 年中国进口商品 14.2 亿元，约占当年 GDP 的 5%，进出口总值占当年 GDP 的 12%（见表 2-7），很难设想这种并不高的外贸依存度会使得国际间商品的套利决定着中国几乎所有经济部门、所有地区的价格。①

表 2-4　　　　　　　　　　批发物价指数

| | 上海 | | | | | | 天津 | 广州 | 汉口 | 长沙 | 美国 |
	总指数	粮食	纺织	金属	燃料	建材					
1928	80.5	94.9	85.6	66.9	69.9	76.0	88.1	86			132
1929	82.7	103	85.4	72.1	70	79.8	90.6	85.9			130
1930	90.9	117	88.5	88.5	78.7	87.3	94.5	90.1	87.3		118
1931	100	100	100	100	100	100	100	100	100	100	100
1932	89	86.6	82.5	84.5	89	91.8	92.1	101	98.2	99.2	88.5
1933	82.2	73.7	75.3	86.4	80.3	83.4	82.4	92.8	86.4	80.2	90
1934	76.9	73.1	68.8	80.4	81.9	78.9	75.3	83.7	77.7	76.8	102
1935	72.2	78.0	62.7	67.1	76.3	68.1	76.9	72.8	75.5	80.9	109

注：表中各地区的物价指数均为批发物价指数，以 1931 年为基期（=100），中国各城市 1935 年数据截至本年度 10 月份。美国 1935 年数据为年度均值。
资料来源：中国科学院上海经济研究所编：《上海解放前后物价资料汇编》，上海出版社 1959 年版，第 91、126、175～206 页。

2.4　白银流出、本币升值与通货紧缩

以上表明，20 世纪 30 年代前期，白银外流、本币升值和通货紧缩在中国几乎同时出现。这应不是时间上的巧合，国际银价的上涨以及由此引发的中国白银外流或许是其中的原因。本节借助于计量回归分析来

① 作为简单对比，2012 年中国的外贸依存度（即进出口总值与 GDP 之比）为 47%，2001～2010 年间，中国和美国的平均外贸依存度分别为 53.6% 和 24.7%（数据来自历年中国统计年鉴）。

检验这一设想。

我们考察中国货币汇率的变动以及白银的流动情况对国内物价变化的解释能力。考虑到样本期较短，这里采用月度数据。由于统计资料限制，只能获得上海银行业的存银量以及白银流入和流出数据，所以这里仅以上海数据为例。考虑到上海在当时中国金融和经济中的重要地位以及全国主要城市间物价变动较高的相关性，上海的情况应具有较好的代表性（见表 2-5）。

表 2-5　　　　上海物价变动回归结果（1928 年 1 月~1935 年 10 月）

自变量 因变量	c	π_{t-1}	Δe_{t-1}	Δe_{t-2}	s_{t-1}	s_{t-2}	R^2	DW
π_t	-0.001 (0.001)	0.208 (0.102 **)	0.151 (0.043 **)	0.092 (0.046 **)			0.259	1.977
π_t	-0.001 (0.001)	0.185 (0.104 *)	0.159 (0.043 **)	0.098 (0.048 **)	0.146 (0.051 **)	0.018 (0.020)	0.272	1.972

注：π_t 是 t 时期上海批发物价指数的变化率。Δe_t 是中国银元的实际汇率的变化率。s_t 是上海银行业库存银的变化率。** 和 * 分别表示在 5% 和 10% 水平上显著。DW 是回归残差的 Durbin - Watson 统计量。

银元的实际汇率以直接标价法表示，即一美元合中国银元数，并且经过两国物价指数调整。1932 年之前，仅能获得上海银行业库存银元数目年均值，假定上海每个月进出口白银（含大条银、银两和银元）都完全反映到银行库存银的变化上（当然，不排除有部分白银的进出口量是用于工业和民间生活用途，然而白银在中国主要是用作货币的），由此便可得到银行银库存量的月度变化率 [上海对外汇率数据来自孔敏（1988，第 450~458 页），上海银存量和月度进出口数据来自孔敏（1988，第 485~488 页）]。

表 2-5 第一行是上海物价变动关于汇率变动的回归结果。即是使用 OLS 方法估计如下自回归分布滞后（ARDL）模型：

$$\pi_t = \sum_{i=1}^{k} \delta_{1i} \Delta \pi_{t-i} + \sum_{i=1}^{k} \delta_{2i} \Delta e_{t-i} + \varepsilon_t$$

其中 π_t 是 t 期上海批发物价指数变化率，Δe_t 是 t 期实际汇率变化率。滞后阶数 k 的选取根据"一般到特殊"原则，首先设定其为较高阶数，并逐步剔除不显著的项，得到表 2 - 5 中的结果。首先，银元实际汇率的变动对于物价指数有显著影响。本国货币每升值 1% 直接导致接下来一个月份物价预期将下跌 0.151%，根据参数估计值可以计算 π 与 Δe 的长期相关系数 α^{LR}：

$$\alpha^{LR} = \sum_{i=1}^{k} \delta_{2i} \Big/ \left(-\sum_{i=1}^{k} \delta_{1i} \right) = 0.31$$

这样，本币升值与通货紧缩之间呈现正相关关系，并且前者是后者的格兰杰原因（Granger causality）。

加入新的解释变量——银行白银存量变化率 s_t，重新进行回归，结果见表 2 - 5 第二行。原来的系数基本不受影响，滞后一期的银存量变化率的系数极为显著，其他变量不变条件下，白银净流出（银存量减少）1%，接下来一个月份物价下跌 0.146%。白银净流出也显著导致中国的通货紧缩。1933 年底上海银行业库存白银量 4.57 亿元，而 1934 年全年净流出 2.32 亿元，存银平均每月减少 3.76 个百分点。这样，仅白银流出即导致 1934 年上海物价下跌 4.6%。也就是说，本年度上海 9.35 个百分点的物价跌幅中，约有一半可以通过白银外流来解释。

2.5　实体经济的衰退

关于这一时期实体经济的情况，可以从两个方面理解。一是宏观层面的经济总量统计指标，二是微观层面的企业经济活动指标。首先看经济总量指标。根据叶孔嘉的估计，中国在 1931 ~ 1936 年期间年均经济增长率为 1.6%（见表 2 - 6），Brandt 和 Sargent（1989）据此认为，中国经济并未衰退。但是根据叶孔嘉的估计结果，这期间的经济增长主要是出现在 1936 年，即国民党政府实行法币政策之后。1931 ~ 1935 年期间的年均经济增长率仅为 0.4%，基本是停滞的。事实上，限于当时的统计体系以及中国经济的小农特征，要准确测算 GDP 几乎是不可能的。[1] 这一时期中国总产出的测算中，影响最大的除了上述叶孔嘉的成果外，还有巫宝三的成果（Ou，1946）。巫宝三与叶孔嘉的测算差距较大，以 1933 年为例，巫宝三的国民收入估算为 200 亿元，而叶孔嘉对本年度 GDP 的估计则为 295 亿元。造成这种巨大差距的原因除了概念本身有所差别外，还在于所依据的统计资料误差较大。

除了绝对数值的差别外，二者的变动趋势也不尽相同。1931~1935年间，如果仅从对经济周期更为敏感的非农产业看，叶孔嘉的数字表明中国经济略有增长，而如果采用巫宝三的数字则是负增长的。另外，判断某一时期经济衰退不仅要看绝对的经济增长率，还应比较这一时期经济增长率与长期经济增长率均值的差异，因为绝对数值受到经济发展阶段、基期数值大小的影响，偏离均值的幅度才能更好地表明经济周期。根据叶孔嘉的测算，1914~1931 年中国的平均经济增长率为 1.1%。无论是叶孔嘉还是巫宝三的数字都表明，1931~1935 年间中国的经济增长远低于前一阶段的平均值。考虑到当时国民政府刚完成全国的统一、百废待兴，而 1931~1935 年增长甚至还不及此前的军阀割据时期，将这一时期理解为严重的经济衰退期并不为过。

表 2-6　　　　1931~1936 年中国的产出（收入）估计，1933 年
不变价格（单位：10 亿元）

		1931 年	1932 年	1933 年	1934 年	1935 年	1936 年
叶孔嘉	GDP	28.57	29.47	29.46	26.9	29.09	30.95
	（农业）	18.01	18.97	18.83	16.59	18.19	19.35
	（非农业）	10.56	10.50	10.63	10.31	10.90	11.60

[1] 弗里德曼的论文中特别注重引用当时在国民党政府中工作的官员或者学者——例如杨格、张嘉璈等——的观察。他的看法是，直接经历当时中国经济的同时代人的记述，比后来人依据零散、不准确的数据加工编制的系列统计数字更为可靠（刘佛丁等，1995）。

续表

		1931 年	1932 年	1933 年	1934 年	1935 年	1936 年
	国民收入	19.18	20.05	19.95	18.41	20.08	21.88
巫宝三	（农业）	11.32	13.23	12.24	10.47	12.6	14.42
	（非农业）	7.85	6.82	7.71	7.94	7.49	7.47

资料来源：叶孔嘉的数据来自于：Brandt, Loren. and Thomas, Sargent, "Interpreting new evidence about China and U. S. Silver Purchases", Journal of Monetary Economics. 1989, 23. 巫宝三数据来自于：Ou, Pao - San, "A New Estimate of China's National Income", Journal of Political Economy, 1946, 54.

另外考察微观层面的企业经济活动。1934 年以后上海的银行业和工业经营的处境艰难。1935 年上海倒闭和停业的民族资本银行有 12 家，占当时上海民族资本银行总数（67 家）的近 20%，这是此前从未有过的现象。工业方面，1935 年，上海原有的 33 家丝厂停工的有 28 家，31 家民族资本纱厂中停工的有 8 家，面粉厂开工的只有 14 家，不到原有厂家数的一半（上海金融史话编写组，1978，第 125~126 页）。

与企业经营困难相伴的是证券市场暴跌。"地产及公司股票与其他诸种信用证券，其价值已减至 50% 左右，或竟减至 50% 以下"（财政部币制研究委员会，1935，第 14 页）。新丰洋行编制的上海股票行情指数，以 1931 年 7 月底指数为 100，则 1932 年底为 79.21，1933 年底为 71.46，1934 年底为 65.31，1935 年底为 57.11（南开大学经济研究所，1935，第 47 页）。1933 年之前的下跌可以归咎为受资本主义市场大萧条和美国等主要国家股市下跌拖累，这一阶段尽管中国股市在下跌，不过表现仍远强于主要国际市场。[①] 然而，美国股市和宏观经济面相继在 1932 年中和 1933 年企稳回升，中国的股市在 1933~1935 年间仍然继续大幅下跌了 30%。一般而言，股票价格是经济基本面的反映，高利率以及企业盈利恶化导致了股票价格大幅缩水，这无疑从侧面体现出当时

---

① 例如，1932 年 7 月美国股市达到大萧条期间的最低点，此时道琼斯指数相对于大萧条开始前（1929 年 9 月）的高点已经跌去 85%。

中国的宏观经济和企业盈利能力处于困境。尤其是在 1933 年之后国际上主要经济体陆续走出大萧条阴影的背景下，将中国金融资产的价格的大幅下跌当作经济衰退的指标来理解应该更合理。

2.6 对外贸易的萎缩

Brandt 和 Sargent（1989）认为，当时的中国具有类似于亚当·斯密分析的商品本位下的自由银行模式。斯密考虑了一个采用金本位的小国情形。假设该国以前禁止私人银行发行钞票，而一律采用金币作为货币。设想某日政府放松对私人银行的限制，允许银行发行能自由兑换黄金的钞票，斯密认为，这不会影响该国的价格水平。自由银行业将使该国通过使用可兑换的纸币代替黄金通货的办法，获得一笔一次性的横财。因为替换下来的黄金可以用以出口，换取国外资源用以该国的实际消费或投资，这样，该国暂时会出现经常项目逆差。换言之，向自由银行过渡的过程给该国提供了一次性的消费或投资红利，这也是斯密倡导自由银行业的原因。

Brandt 和 Sargent（1989）认为，斯密的这一理论可以近似用来描述中国的情形。与国际银价上涨相对应的是，以白银表示的国际商品价格下跌，国际和国内商品价格之间的套利会使得中国的物价水平同比例下降，中国的白银存量则相应降低到刚好满足新的价格水平下流通所需要的数量。降低的白银便是中国所获得的一次性红利，因为中国可以将不再用作货币的白银出口国外，换取外国资源。他们的结论是，中国价格水平的下降是由"一价定律"所引起的，而不是由货币紧缩引起的。具有充分弹性的价格可以将价格紧缩与真实经济隔离开来，价格下降并不会导致实际经济的衰退。

根据这种富有理论想象力的解释，如果价格紧缩没有不利的实际影响，那么中国的进出口实际值不应下降（尽管因为银价更贵使得以银元计价的名义值会下降），进而 1933 年后与世界其他国家经济复苏相一致，中国的实际进出口应增加才是。并且，由于白银红利，中国对国内外商品和劳务的需求会增加，对国外商品需求的增加会增加实际进口，对国内商品需求的增加会减少实际出口，差额部分会由过剩的白银出口来弥补。然而，这一解释却与外贸统计数字并不相符。表 2 - 7 显示，1932 年之后中国的进出口都下降了，1935 年的进口和出口价值仅相当于 1931 年的 40%，即使考虑到物价下降之后的实际进出口值仍然有大幅度的下降。而且在 1934 年和 1935 年这两个白银大量外流的年份，进口比出口下降得更厉害。这一现实与斯密理论国际收支逆差的预测是相反的。

表 2 - 7　　　　　　　　　　全国进出口货物情况

	进口价值 （亿元）	变化率 （%）	出口价值 （亿元）	变化率 （%）	逆差 （亿元）
1928	18.6	18.1	15.5	7.97	1.47
1929	19.7	5.85	15.8	2.4	3.18
1930	20.4	3.5	13.9	- 11.9	3.9
1931	22.3	9.41	14.2	1.58	6.47
1932	16.3	- 26.8	7.67	- 45.8	8.17
1933	13.5	- 17.7	6.12	- 20.2	8.67
1934	10.3	- 23.5	5.35	- 12.6	7.33
1935（全年）	9.19	- 10.7	5.75	7.48	4.94
（1935 年前 10 个月）	7.81	- 10.5	4.44	- 0.01	3.37

　　注：最后一行是 1935 年 1~10 月份的进出口数字，其变化率是相对于上年同期而言。其余年份是全年总数。

　　资料来源：中国科学院上海经济研究所编：《上海解放前后物价资料汇编》，上海人民出版社 1959 年版，第 109~110 页。

2.7　本章小结

　　中国是 1929~1933 年大萧条时期唯一实行银本位制的大国，由于白银在国际上仅是一种普通商品，中国与占世界经济主导地位的金本位制国家相当于维系着浮动汇率。银价下跌相当于中国货币贬值，因此中国的货币供给并没有随着占经济主导地位的金本位国家一同紧缩。这一时期在世界主要资本主义国家正在经受严重的通货紧缩和经济衰退之苦的时候，中国国内却呈现温和的通货膨胀以及温和的增长。独有的银本位制以及在此基础上的浮动汇率使得中国经济与席卷世界的大萧条隔离开来。

然而，1933 年之后美国高价购银导致中国银元大量流出，进而引起了中国严重的通货紧缩。本章认为，这种通货紧缩不能仅仅通过"一价定律"以及国际间商品套利来解释，因为伴随着中国白银外流的，除了物价下降之外，还有实际利率的大幅上涨以及实体经济的严重衰退。"工业生产……趋于终止，失业增加，物价下跌"（Greenwood and Wood，1977，第 32 页），按照当时担任中国政府金融顾问的杨格的说法，"中国从一种温和的繁荣走向了极度的萧条"（Young，1971，第 209 页）。并且，这种衰退是发生在世界经济复苏的大背景下的。这表明，中国当时的"自由银行模式"并未像此前不少研究者（Rawski，1989；管汉辉；2007）认为的那样有效地防止了通货紧缩。一些研究者（Brandt and Sargent，1989；Rawski，1989）力图说明，中国这一时期并没有出现经济衰退的观点与中国的经济史料也不相符。当初美国白银收购计划的支持者所宣扬的银价上涨有利于提高中国购买力的理由是不成立的，美国的白银收购引发了中国一系列经济恶果，并最终迫使中国放弃了银本位，代之以不可兑换的法币。国民政府自身对币制改革原因的说明是："我国以银为币，白银价格剧烈变动以来，遂致大受影响，国内通货紧缩之现象，至为显著，因之工商凋敝，百业不兴，而又资金源源外流，国际收兑大蒙不利，国民经济日就萎缩，种种不良状况纷然并起。计自上年 7 月至 10 月中旬（美国《白银收购法》6 月出台——作者注），3 个半月之间，白银流出凡达 2 万万元之上。设当时不采取有效措施，则国内现银存底必有外流磬尽之虞，此为国人所昭见者。……近来国内通货益加紧缩，人心慌恐，市面更行萧条。长此以往，经济崩溃必有不堪设想者。政府为努力自救复兴经济，必须保存国家命脉所系之通货准备金。"（财政部 1935 年 11 月 3 日"实施法币公告"，转自吴岗，1958，第 66 页）

这一时期的中国货币史为经济大萧条原因的研究提供了"自然试验场"。美国购银法案出台前后中国经济独立于国际背景的两种截然不同的状况从正反两个方面验证了货币紧缩是经济萧条的重要原因。换言之，货币冲击不仅具有名义效应（改变价格、利率等名义变量），还具有实际效应（影响实际产出和就业）。正如现任美联储主席 Bernanke 所言，"我想借用一下我作为美联储官方代表的身份，对 Friedman 和 Schwartz 说，在大萧条问题上你们的看法是正确的。我们心怀愧疚，感谢你们的指正，我们不会再次犯错了"。（Bernanke，2007）从美联储应对 2008～2009 年经济衰退的一系列措施——尤其是以被称为"直升机撒钱"的量化宽松（Quantitative Easing，QE）货币政策来挽救商业银行等金融机构——来看，Bernanke 应该看作是 Friedman 货币理论的拥护者。这也表明，1929～1933 年大萧条的经验教训的确为后来的货币当局政策选择方面提供了重要借鉴。

参考文献：

1. Bernanke, Ben S., "The Macroeconomics of the Great Depression: A Comparative Approach", Journal of Money, Credit, and Banking, February 1995, 27, 1 – 28.

2. Bernanke, Ben S., and James, Harold, "The Gold Standard, Deflation, and Financial Crisis in the Great Depression: An International Comparison", in R. Glenn Hubbard, ed., Financial Markets and Financial Crises, Chicago: University of Chicago Press for NBER, 1991.

3. Bernanke, Ben S., The Great Contraction, 1929 – 1933: Preface 1. New York: Princeton University Press, 2008.

4. Brandt, Loren, and Thomas, Sargent, "Interpreting new evidence about China and U. S. Silver Purchases", Journal of Monetary Economics, 1989, 23, 31 – 52.

5. Choudhri, Ehsan, and Kochin, Levis, "The Exchange Rate and the Internation-

al Transmission of Business Cycle Disturbances", Journal of Money, Credit and Banking, Autumn 1980, 12, 565 – 574.

6. Eichengreen, Barry, and Jeffrey, Sachs, "Competitive Devaluation and the Great Depression: A Theoretical Reassessment", Economics Letters, 1986, 22, 67 – 71.

7. Friedman, M., and Schwartz, Anna J., Monetary History of the United States, 1867 – 1960. New York: Princeton University Press, 1963.

8. Friedman, Milton, "Franklin D. Roosevelt, Silver, and China", Journal of Political Economy, 1992, 100, 62 – 83.

9. Friedman, Milton, and Schwartz, Anna J., "The great contraction, 1929 – 1933", New York: Princeton University Press, 2008.

10. Greenwood, John G., and Wood, Christopher J. R., "The Chinese hyperinflation: Part 1. Monetary and Fiscal Origins of the inflation, 1932 – 1945." Asian Monetary Monitor 1, 1977, 25 – 39.

11. Leavens Dickson H., "American Silver Policy and China", Harvard Business Review, Autumn 1935, 45 – 58.

12. Ou, Pao – San, "A New Estimate of China's National Income", Journal of Political Economy, 1946, 54, 547 – 554.

13. Rawski, Thomas G., "Milton Friedman, Silver, and China", Journal of Political Economy, 1993, 101, 755 – 758.

14. Rawski, Thomas G., Economic Growth in Prewar China, Berkeley: University of California Press, 1989.

15. Schwartz, Anna J., The Great Contraction, 1929 – 1933: Preface 2, New York: Princeton University Press. 2008.

16. Young, Arhtur N., "China's Nation – Building Effort, 1927 – 1937", Stanford, Calif.: Hoover Institution Press, 1971.

17. 财政部币制研究委员会编：《中国白银问题——致美国来华经济考察团备忘录》，1935 年。

18. 管汉晖：《20 世纪 30 年代大萧条中的中国宏观经济》，载于《经济研究》2007 年第 2 期。

19. 孔敏：《南开经济指数资料汇编》，中国社会科学出版社 1988 年版。

20. 林维英：《中国之新货币制度》，商务印书馆 1936 年版，第 62 页。

21. 刘佛丁、王利华、王玉茹：《二十世纪三十年代前期的中国经济——评美国学者近年来关于美国白银政策对中国经济影响的讨论》，载于《南开经济研究》1995 年第 2 期。

22. 南开大学经济研究所编：《民国二十四年南开指数年刊》，南开大学经济研究所，1935 年。

23. 上海金融史话编写组：《上海金融史话》，上海人民出版社 1978 年版。

24. 唐永庆：《近几年来吾国之纸币》，载于《经济学季刊》第 7 卷第 4 期，1937 年 2 月。

25. 吴岗：《旧中国通货膨胀史料》，上海人民出版社 1958 年版。

26. 中国人民政协文史资料研究委员会编：《法币、金圆券与黄金风潮》，文史资料出版社 1985 年版。

27. 中国科学院上海经济研究所编：《上海解放前后物价资料汇编》，上海人民出版社 1959 年版。

第 3 章

国际银价与中国汇率

本章导读

近代银本位制度下，市场汇率和国际银平价的偏离率显著受两个因素影响：一是外汇市场供求关系；二是国际银价的变化——因为国际银价变化时市场汇率的调整具有滞后性。不过，跨国白银套利机制保证了汇率和国际银价之间的长期稳定关系，即偏离率受限于白银输送点而不致无限扩大。白银套利机制还使得偏离率对市场上发生的大的冲击和小的冲击反应模式不同：偏离率大时其向均衡值收敛的速度很快，而偏离率小时收敛的速度则很慢。总体上，经验结果认为银本位下中国的外汇市场是有效的。从汇率与银价偏离率的调整速度看，上海与国际金融市场之间的整合程度接近于同时期欧美金融市场之间的整合程度。

3.1 引　言

市场发育与工业革命和经济发展的关系一直是经济学者关注的话题。亚当·斯密便认为市场交换引起分工产生和生产力提高。市场发育的重要特征就是市场整合（market integration）。市场整合是和市场分割对立的概念。市场完全整合一般是指自由贸易条件下，同种商品在不同市场上减去交易成本后的价格相等。市场整合与贸易的自由度和信息传导的顺畅度相关，是反映市场效率的重要指标。Allen 等（1990）认为，市场整合可以带来专业化、技术扩散、生产成本降低等诸多好处，从而促进资源的优化配置和经济发展。

运输成本下降引起的市场整合被认为是近代经济增长的一个主要原因。例如 North（1958）认为，"运输的革命性发展是过去两个世纪西方快速增长的一个基本特征。运输成本下降引起的一国内部和国际间劳动分工和专业化取代了二百年前相对自给自足的经济体系。"Studer（2009）根据工业革命前后西欧的经验，认为市场整合程度差异先于工业化，且市场整合程度较高的沿海地区率先发生工业化，由此推断市场整合是工业革命的可能原因。

文献中，关于市场整合对中国经济增长影响的研究一般考虑 1978 年以来的情况——这是中国历史上增长最快的时期。然而，对于理解经济增长而言历史的视角也很重要。有证据表明，欧美市场整合和贸易对经济增长的影响可以持续数十年，甚至上百年（O'Rourke and Williamson，2002；Acemoglu and Robinson，2002）。近代中国多给人以自给自足的小农经济印象，市场的发育程度有限。对"李约瑟之谜"的一种解释便是，小农经济阻碍了社会分工，引起中国与国际市场的分割以及国内地区间市场分割。不过最近也有部分证据挑战传统认识，认为近代中国已形成了复杂而广泛的市场网络（许檀，2000）。甚至有研究者认为，工业革命前夕中国的东部地区与欧洲的市场发育程度是接近的（Pomeranz，2000；Shiue，2007）。

近年来关于近代中国市场整合的研究文献发展较快。原来仅注重陈述史料还原小范围市场联系，目前已普遍注重数据整理并进行量化分析。然而总体上现有研究仍存在两方面的不足：一是仅考虑国内（主要是某一省区小范围内）空间市场的整合，而忽略了中国与国际市场的整合问题。例如王业键（Wang，1989；Li，1992）。近来，Shiue 等（2007）和颜色等（2011）将这种局部地区的研究推广到全国层面，并考虑了地区间的地理特征差异。不过中国与国际市场的整合问题很大程度上还缺乏研究。二是仅考虑商品（主要是粮食）市场的整合，而忽略了资本与金融市场的整合。利用粮价关系研究市场整合很常见，因为粮食是传统农业社会基本的大宗商品，且中国自然形成了粮食生产区与粮食消费区的分化，国内粮食贸易频繁，因此粮价的记录完整。然而文献对于中国历史上金融市场的整合研究很是缺乏。

本章目的在于弥补这两方面的不足。作者考察清末民国中国银本位制度下，上海外汇市场上中国货币——规元——汇率与国际市场上白银价格之间的关系，并据此认识当时中外金融市场的整合情况。毫无疑问，历史上国际金融市场的整合从未达到过今天这种高度。然而，国际金融市场的整合并不是当代才有的概念，自19世纪大规模的国际贸易出现以后，整合的进程就已出现。因为国际贸易需要货币汇兑，跨国银行便紧跟货物流向在世界各口岸布局金融网络。重视清末民国阶段中国与国际金融市场的整合，是因为当时中国的金融体系发生了巨大变化，现代银行业以及证券、外汇市场从无到有并趋向成熟。自由市场中金融交易的成本一般远低于实物商品贸易的成本。如果中外市场是整合的，那么整合特征更容易在金融市场上体现出来。

19世纪70年代开始，欧美主要国家多采用金本位制。在金本位制下，铸币平价——两种货币的贵金属含量之比——恒定。因此，金本位各国货币之间属于固定汇率制。除了平价之外，市场汇率还会受到两种货币供求关系的影响而波动，不过，其波动幅度会受到黄金输送点——简称"金点"，即跨国输送黄金的成本——的限制。只要存在有效的黄金跨国套利机制，超过金点之外的偏离便无法长期维持，最终会向金点收敛。而在金点范围内，即使汇率偏离平价，却不存在套利，此时汇率受外汇供求冲击的影响而随机波动。这就是"金点套利"的基本思想。

过去二十多年间，经济史文献深入讨论了金本位时期英美间的金点套利的有效性和欧美之间金融市场整合问题（Clark，1984；Officer，1996；Spiller，1988）。其核心是套利机制能否保证两国汇率稳定在平价附近。如果两国之间金融市场高度整合，则汇率不应大幅偏离平价。20

世纪前期中国采用银本位，中国与金本位国之间的汇率关系有别于同为金本位的两国之间的汇率关系。由于国际银价不断变化，作为中外汇率基础的铸币平价——两种货币分别所含银和金的价值之比——本身不再是恒定值，中国与金本位国之间是浮动汇率制。因此，中国的汇率"市价变动之剧烈与频繁，实较世界任何汇兑市场为甚"（《银行周报》第14 卷 34 期，1930 年 9 月 9 日）。有研究者认为，银本位制下的中国实行的是国际金融史上少见的清洁浮动汇率制，因为银价完全由国际市场供求决定，政府无力人为干预。

与金点套利的原理类似，中国外汇市场上汇率与平价的偏离幅度过大时，也会出现白银的跨国流动。关于银本位制的中国与金本位国之间汇率与白银流动的关系问题，研究者很早就有认识，例如吴大业（1933）根据白银套利机制对清末民初中国白银的进出口现象做出了解释。然而，迄今学者对中国历史上盛行的银本位制度以及中外金融市场整合问题研究甚少，我们对这一问题的探讨远不如美欧学者对金本位制度的研究深入。现有文献一般仅是运用历史学、文献学方法，还原当时的市场形态，对当时中外市场整合还缺乏系统的定量分析。定量研究历史上中国与国际金融市场的整合，可以更深刻认识当时中国与国际经济的一体化的程度，也是对当代金融学领域极具影响力的有效市场理论的检验。

本章以下的结构安排是，第 3.2 节考察中国汇率与铸币平价的关系。第 3.3 节基于非线性时间序列模型研究中国汇率与铸币平价偏离率的动态特征，据此认识中外金融市场整合状况。最后是本章小节。

3.2 中国汇率与国际银价的关系

3.2.1 数据

本章使用月度数据，包括中国外汇市场上的中国货币——规元（单位：两）——兑美元的汇率，以及国际白银价格。[①] 晚清民国时期中国的外汇市场有上海、天津、汉口等地，但其中上海最为重要。例如，马寅初（1925，第 104 页）认为，"今日之汇兑银行，在天津、汉口等处均有分行。上海行市，每日上午九时三十分均各电告津汉各行，以为计算津汉汇价之基础。故津汉行市皆根据上海行市算出"。因此本章中国汇率以上海外汇市场上规元兑美元的电汇价格为代表。月度汇率为每月上中下旬三个交易日汇率的平均值。样本期自 1905 年 1 月 ~ 1933 年 12 月。自 1905 年开始是因为上海外汇市场上规元兑美元汇率 1905 年以后才能获得连续的月度观测；截至 1933 年是因为该年度国民政府进行了"废两改元"改革，以后规元停止使用，并且美国也在该年度放弃了金本位制度。

国际白银价格在不同时段分别以伦敦和纽约银价表示。第一次世界大战开始以前，世界金融和白银交易中心均在伦敦，因此这一时期以伦敦银价计算规元的铸币平价。第一次世界大战开始后伦敦失去了世界金融中心的地位，黄金在英国与其他国家之间的自由流动也受到限制，伦敦银价对世界银价的代表性变弱。而纽约白银市场继之兴起，中国和远东各国进出口银货多改由美国运输。故 1915 年起改用纽约银价。

3.2.2　汇率与平价偏离率的影响因素

t 期上海外汇市场上规元兑美元的汇率记为 E_t——以直接标价法表示，即 1 美元合规元 E_t 两。规元的铸币平价记为 E_t^*。二者的走势见图 3-1。[②] 该图显示出两个明显的特点：第一，样本期汇率和国际银价的波动幅度都很大；第二，汇率与平价的变化高度一致，说明汇市上规元

[①] 规元是 1856 年（清代咸丰六年）起，至 1933 年国民政府"废两改元"止，通行于上海的一种作为记账单位的虚银两。关于上海规元的纯银含量，不同资料中的说法略有出入，其中吴大业（1935）的计算最为翔实。吴的结论是，上海规元每两含纯银 518.512 金衡英厘（grain，或翻译为格令）。

[②] 数据见附表 A3 和附表 A4。

的汇率基本是以其内在银含量的价值为基础的。

图 3 – 1　美元兑规元汇率以及铸币平价（月度，1905.1 ~ 1933.12）

资料来源：汇率数据来自孔敏主编：《南开经济指数资料汇编》，中国社会科学出版社 1988 年版，第 450 页；平价数据来自吴大业，《一个新的外汇指数》，载于《政治经济学报》第 3 卷第 3 期（1935 年 4 月），第 463 ~ 509 页。数据详见附表 A3 ~ 附表 A4。

同期汇率与平价的偏离率记为 $s_t = e_t - e_t^*$ ，其中 e_t 和 e_t^* 分别是 E_t 和 E_t^* 的对数值。s_t 走势见图 3 – 2。负值表示上海外汇市场上美元汇率低于平价——美元低估而规元高估，正值表示上海外汇市场上美元汇率高于平价——美元高估而规元低估。偏离率的均值 – 0.2%，非常接近于 0。表明从整个样本期看，汇率不存在系统性的高估或者低估。然而偏离率的波动很大，其标准差为 2.8%。偏离率的大幅波动主要体现在两个时段：一是第一次世界大战期间以及战后初期（1915 ~ 1921 年），二是大萧条时期。

民国时期的研究者一般认为，影响汇率与平价偏离率的因素主要有两个：一是国际银价变化时，规元汇率的调整不同步，而是具有滞后性；二是外汇市场上供求关系的影响，而外汇供求关系又主要受中国的国际收支状况决定。现将样本期内国际银价的变化分阶段简要说明如下。

第一段，第一次世界大战爆发（1914 年）之前，汇率和银价都比较平稳，汇率与银价的偏离幅度也很小。

第二段，第一次世界大战期间以及战后初期（1915～1921年）银价大幅涨跌，汇率与银价的偏离波动也最大。其中，1915年8月银价最低，1美元兑1.91规元；1920年1月银价最高，1美元兑0.69规元。银的购买力后者约为前者的3倍。该时段内汇率与平价的大幅偏离（第一次世界大战期间的正偏离以及战后初期的负偏离）可以通过国际银价的变化很好地得以解释。这一时期银价走势以1920年初为分界点，此前逐步上涨，而此后急速下跌。1915～1919年银价上涨，是因为战争开始后，欧洲各国为了维持金本位将金集中于中央银行，而在流通中以银辅币代替，于是各国遂铸造大量银币。如英国在第一次世界大战前，每年铸造银币不过160万磅。开战后迅速增加，1918年铸造925万磅，用银3100万盎司，占当年世界产银额的15%。法国在第一次世界大战前每年铸造银币不过800万～1000万法郎，1918年铸造银币则高达9200万法郎，约为战前的10倍。世界主要产银地为美国和墨西哥。当时美国也将金集中于中央银行；而墨西哥则内乱频繁、银矿停工。墨西哥1913年银产量为5500万盎司，1916年则减至2900万盎司，约减少一半。由于国际银价上涨，以及规元汇率低估（图3-2中这一时期大幅的正偏离），套利商陆续出口白银以谋利。第一次世界大战开始至1917年，中国银净出口量约1亿两（何廉，1927）。

1920年初银价开始转而下跌。这同样可以从供求两方面进行解释：第一次世界大战结束后，欧洲诸国减铸银币，银的需求减少；因政治回复平稳，战时民间所藏银货以及投机者所囤积银货被大量抛售，德法英等国中央银行也借高银价机会在伦敦市场大笔售银，银的供给增加。例如在国际银价最高的1920年，英国便将其银辅币的成色由9.25成减至五成。至1921年银价基本回复至战前水平。

第三段，1921～1925年，这一时期汇率和银价都极为平稳，汇率紧密围绕平价波动，偏离甚少。

第四段，1926～1929年上半年，银价温和下跌，规元汇率也逐步贬值。重要的影响因素有两个：（1）印度 1926 年发表金本位改革法案并在 1927 年改行金本位。人们考虑到银货将失去一个重要的市场，因此对银价预期不乐观。世界上长期施行银本位且存银丰富的国家仅有中国和印度，其中印度是世界上存银最多的国家，当时其存银数量占世界银总量的 1/3。事实上，货币本位的变化大幅削减了印度的白银需求。1926 年之后，印度每年进口银量锐减，1926 年印度进口银量 1.34 亿盎司，占世界当年银产量的 52.8%，1927～1929 年，这一数字则分别减小为 39.4%、37.4% 和 33.8%（吴大业，1932）。因此，尽管这一时期世界产银量平稳，然而银的需求减少导致了银价下跌。（2）经历了第一次世界大战后初期混乱的货币制度之后，从 1926 年开始，欧洲各国又回归金本位。[①] 这使得黄金的购买力提高，因此尽管这一时期经济繁荣，物价水平却是逐步下跌的。批发物价指数 1928 年与 1925 年相比，英国下跌了 12.1%，美国下跌了 6.6%。银价也随一般物价指数而下跌。

第五段，1929 年大萧条开始之后，银价暴跌。大萧条极大打击了大宗商品，包括白银的价格。银价 1928～1932 年下跌了 53%，同一时期美英两国的批发物价指数分别下跌了 33% 和 27%。与第二段情况不同的是，大萧条中，国际银价大幅下跌时，中国的汇率与平价却出现正偏离，这应通过中国的国际收支情况进行解释。大萧条中，美国和欧洲的总需求紧缩使得大量的过剩商品销往中国。中国的贸易逆差急剧扩大。1930～1932 年中国的贸易逆差总额为 28.14 亿规元，而此前三年（1927～1929 年）中国的贸易逆差总额仅为 13.58 亿规元（孔敏，第 379 页）。正偏离意味着，中国国际收支恶化时所导致的规元贬值力量占优于国际银价下跌所导致的规元升值力量。

关于规元汇率对银价调整的滞后性特点，民国时期的研究者已有认识。例如，吴大业（1935）认为，"如世界金价上涨，则中国对外汇率也必随之上涨，但在普通情形下，上涨之程度必当较少或时间较迟，此

---

① 1925 年英国恢复金本位，1926 年法国和其他 39 个国家恢复金本位。

时国际收支即使毫无变动，而汇价亦当在世界金银比价之下。"吴大业（1933）还分析，"世界产银的地方不在中国国内，而在国外。故（国外银产量增加时）国外银子的价值先跌，而国内银子的价值随之下降。中国为银本位制，物价常有惰性，故国内银购买力下跌的程度，常不能与国外相随"。贺水金（2002）也认为，"中国市场对国际金银价格的反应通常要慢半拍，一般当国际市场金银价格上涨时，国外价格往往要高于中国，反之，当国际市场金银价格下跌的时候，则中国的价格常常比国外要高。"汇率调整的滞后性可能产生白银套利的机会。不过，若中国的外汇市场和国际市场是高度整合的，则市场上规元汇率与国际银价偏离率过大时，白银套利将很快促使规元汇率向平价收敛。

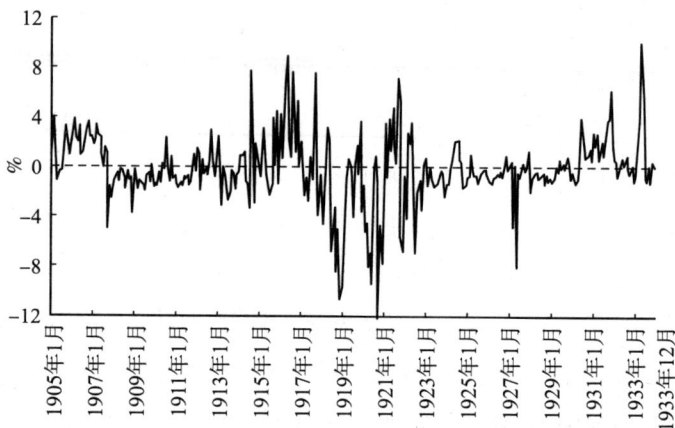

图 3 - 2 汇率与平价的偏离率（月度，1905. 1 ~ 1933. 12）

资料来源：作者根据图 3 - 1 计算。

将偏离率 s_t 关于国际银价变化率（以美元标价）——即平价变化率的相反数——进行回归，结果见表 3 - 1。除了使用全部样本之外，还分前后两个子样本估计。三个回归结果并没有本质差异。银价变化率对同期和下一期的偏离率均有显著的正向效应，这表明汇率并不能对国际银价的变化做出完全同步的调整。当国际银价上涨时，一般会出现正偏离。即规元汇率相对于其内含白银的价值而言出现低估，换言之，规元汇率的升值幅度小于银价的上涨幅度。反之，当国际银价下跌时，一般会出现负偏离，规元汇率的贬值幅度小于银价的下跌幅度。不过，三个回归的常数项都接近于零，说明无论是全样本期内还是两个子样本期内，汇率相对于平价都不存在系统性偏离，外汇市场上规元的高估（或者低估）仅是暂时的。

表 3 - 1　　　　　　　　　　偏离率关于银价变化率的回归结果

	全样本 1905. 1 ~ 1932. 12		子样本 1905. 1 ~ 1920. 12		子样本 1921. 1 ~ 1932. 12	
常数项	- 0. 207 (0. 267)	- 0. 230 (0. 265)	- 0. 461 (0. 414)	- 0. 523 (0. 403)	0. 095 (0. 302)	0. 106 (0. 305)
dp_t	0. 274 (0. 019 ***)	0. 314 (0. 020 ***)	0. 312 (0. 026 ***)	0. 357 (0. 027 ***)	0. 222 (0. 027 ***)	0. 251 (0. 029 ***)
dp_{t-1}		0. 101 (0. 020 ***)		0. 123 (0. 028 ***)		0. 066 (0. 028 **)
AR（1）	0. 623 (0. 042 ***)	0. 633 (0. 041 ***)	0. 653 (0. 055 ***)	0. 659 (0. 054 ***)	0. 549 (0. 066 ***)	0. 560 (0. 066 ***)
DW	2. 179	2. 211	2. 337	2. 390	1. 947	1. 957
R^2	0. 555	0. 585	0. 609	0. 645	0. 455	0. 473

注：被解释变量是汇率对平价的偏离率 $s_t = e_t - e_t^*$，其中 e_t 和 e_t^* 分别是汇率 E_t 和平价 E_t^* 的对数值。解释变量 dp_t 为国际银价的变化率。小括号中是标准差，* 、** 和 *** 分别表示在 10% 、5% 和 1% 水平上显著。DW 是检验残差序列相关性的 Durbin - Watson 统计量。由于 OLS 回归的残差存在序列相关，这里设定残差服从一阶自回归过程，AR（1）是一阶自回归系数。

表 3 - 1 中几个回归方程的可决系数均在 0. 5 左右，这意味着国际银价变化能够解释偏离率 s_t 约一半的变动，此外，还可能存在着其他影响偏离率变动的因素，而其中之一便是国际收支。关于国际收支状况的影响。吴大业（1935）分析，"中国之货币为银，而外国之货币为金，故中国之对外汇率即中国银币与外国金币之比价。此种比价之变动，包含两种原因：一为金银比价之变动，一为中国国际收支之变动……当中国出口货值增加，或中国因借近外债而增加其无形项目的收入

时，外人支付中国的款项增加，此时中国之进口货值与无形项目之支出若不能作同样的增进，则中国之国际收入多于支出，中国外汇之供给多于需要，对外汇率下降。反是，苟中国之进口货值（或无形项目之支付）之增加甚于出口货值（或无形项目之收入），则中国对外汇票之需要多于供给，而对外汇率上涨。"概括而言，当中国国际收支顺差时，规元升值，出现负偏离；当中国国际收支逆差时，规元贬值，出现正偏离。

当时中国国际收支中资本项目——即吴大业所称之"无形项目"——收支缺乏统计数据，这里仅以中国进出口贸易额来代表国际收支状况。由于当时全球资本流动相对于贸易的规模很小，该方法不至于产生误导性的结果。偏离率对进出口比率（进口额/出口额）和银价变化率的回归结果如下（小括号中为标准差，** 和 *** 分别表示在5%和1%水平上显著）：

$$s_t = -5.334 + 0.049\mathrm{d}p_t + 5.380\frac{im_t}{ex_t}$$

$$(2.262^{**})(0.011^{***})(2.355^{**}) \quad \sigma = 1.373 \quad R^2 = 0.454$$

$$\mathrm{AR}(1) = 0.333 \quad \mathrm{DW} = 1.629 \tag{3.1}$$

其中，$\mathrm{d}p_t$ 是国际银价变化率，im_t/ex_t 是进出口比率。σ 是回归残差的标准差。由于 OLS 回归的残差存在序列相关，这里设定残差服从一阶自回归过程，AR（1）是一阶自回归系数。由于进出口贸易额仅能获得年度数据，这里将月度偏离和月度银价变化率也折算成年度数据。其中，年度银价变化率为当年最后一月银价相对上年最后一月银价的变化率，年度偏离为每年各月度偏离的平均数。银价变化率对偏离有显著的正向效应，这与表3-1中月度数据的结果一致。平均而言，国际银价上涨1%，偏离率将增加0.05个百分点。银价变化率的系数尽管显著，却远小于表3-1中月度数据的结果。这是因为国际银价的频繁波动，而年度数据作为年内各月数据的"平均"，平滑了波动，因而对偏离率的解释能力削弱了。另外，进出口比率对偏离也有显著的正向效应。进出口比率升高——即中国国际收支恶化时——规元相对于铸币平价贬值。该结果验证了上述吴大业的分析。

3.3　偏离率动态与中外市场的整合

3.3.1　白银套利机制

样本期内中国为银本位而美国为金本位。银可在上海外汇市场上兑换美元，也可在纽约银市出售变现为美元。根据一价定律，一单位纯银在两个市场（上海汇市和纽约银市）上的价格（所换取的美元数）应相等，否则便出现套利机会——套利者在银较贱的市场上购银，并运往银较贵的市场上出售，便可获得无风险收益。如果上海汇市上规元升值，跨区套利将导致白银流入；反之，如果上海汇市上规元贬值，跨区套利将导致白银流出。套利行为保证了汇率与平价之间的平稳关系。

考虑以下例子。假定某日纽约银价每盎司为美元 0.45，根据平价关系，美元 1 与规元 2.05717 [= 1/(0.45 × 1.08023)] 等值。而该日上海外汇市场汇率为美汇 1 元兑规元 2 两。市场汇率对平价的偏离幅度为 0.05717 规元。相对于其内含白银的价值而言，规元在上海外汇市场上太贵了。其背后原因可能是，例如，中国国际收支大幅顺差，因而外汇市场上对中国货币的需求旺盛。此时如果套利者在上海卖出规元 2 两（或同值的即期汇票）买入美汇 1 元，同时致电纽约买入银 2.22222（支付 1 美元）盎司，并将银运回上海兑换规元，可获得无风险收益为规元 0.05717 两（即 0.06175 盎司）的白银。由于套利者在上海外汇市场上抛售规元而买入美元，将使得汇率向平价回复，直至二者偏离幅度小于银输入点，套利空间消失。

反过来，假设该日上海外汇市场汇率为美汇 1 元兑规元 2.1 两。市场汇率对平价的偏离幅度为 - 0.04283 规元。即相对于其内含白银含量的价值而言，规元在上海外汇市场上太贱，如果套利者在上海买入 2.1 规元（或同值的即期汇票）支付 1 美元，同时致电纽约卖空 2.1 规元所含银量的银期货，随后将银由上海运至美国出售可获得无风险收益——0.04283 规元含量的银。① 由于套利者在上海外汇市场上买入规元而抛售美元，将使得汇率向其铸币平价回复。总结起来，如果中国国际收支顺差导致规元升值（相对于平价），国内外白银市场之间的跨区套利将导致白银流入；反之，如果中国国际收支逆差导致规元贬值（相对于平价），国内外白银市场之间的跨区套利将导致白银流出。最终，套利行为保证了汇率与平价之间的平稳关系。

然而，一价定律忽略了现实中的交易成本，而现实中银的跨国套利存在运输成本，并且，由于上海和纽约的白银交易存在时差，套期保值不充分情况下套利者还会面临银价波动的风险，这需要获得风险溢酬。此类套利的成本统被称做交易成本，它包括银从输出地到达最终目的地发生的所有成本。当两市场银价不等，但偏离率尚不足以覆盖交易成本时，并不会有银跨国套利，此时缺乏促使汇率与平价收敛的套利机制。只有汇率与平价偏离率较大时二者才会呈收敛趋势。偏离率越大意味着套利的获利空间越大，进行跨国套利的量也就越大，汇率会越快地向平价收敛。这样，即使在中外金融市场高度整合条件下，汇率与平价也并不总是相等的。交易成本使得偏离率对大的冲击和小的冲击反应模式不同，换言之，偏离率应为非线性过程。类比金本位国之间著名的“金点（Gold Point）套利”概念，本书将这一现象称为“银点套利”。现有经济学文献深入讨论了近代美欧间的金点套利和市场整合问题，然而，关于中国银本位制的分析却不多见，中国经济史文献中对这一问题的探讨远不如美欧学者对金本位制度效率问题的研究深入。

---

① 为简单起见，这里假设期货价格与现货价格相同，只要期货价格不大幅低于现货价格并不影响定性结论。事实上，由于白银现货占用资金具有利息成本，期货价格一般略高于现货价格。

3.3.2 ESTAR 模型

本章通过一类非线性时间序列模型——指数平滑转移自回归（Exponential Smooth Transition Autoregression，ESTAR）模型——研究汇率与平价的关系。偏离率设定为：

$$s_t = (\alpha_0 + \alpha_1 s_{t-1}) + (\beta_0 + \beta_1 s_{t-1}) G(s_{t-1}, \theta)$$
$$+ \varepsilon_t, \quad \varepsilon_t \sim iid N(0, \sigma^2) \tag{3.2}$$

其中，$G(s_{t-1}, \theta) = 1 - \exp(-\theta^2 s_{t-1}^2)$，为指数平滑型转移函数。$G(s_{t-1}, \theta) \in [0, 1]$，是 U 型函数。为说明式（3.2）的特征，让我们考虑两个极端情形：第一，上一期偏离率为 0——即 $s_{t-1} = 0$——时 $G = 0$，式（3.2）变成一个线性 AR（1）过程

$$s_t = \alpha_0 + \alpha_1 s_{t-1} + \varepsilon_t \tag{3.3}$$

第二，当上一期偏离率绝对值很大——即 $s_{t-1} = \pm\infty$——时 $G = 1$，式（3.2）变成另一个参数不同的线性 AR（1）过程

$$s_t = (\alpha_0 + \beta_0) + (\alpha_1 + \beta_1) s_{t-1} + \varepsilon_t \tag{3.4}$$

当 $0 < |s_{t-1}| < \infty$ 时，自回归模型的系数处于式（3.3）和式（3.4）的相应系数之间，参数 θ 决定了模型在这两类极端情形之间转移的速度。

在中国外汇市场与国际市场整合条件下，当偏离率不大（s_t 接近于 0）时，扣除交易成本后套利的净收益很小甚至为负值，s_t 向均值回复的速度就很慢。而当 s_t 很大时，套利的净收益大，积极的跨国白银套利活动会促使 s_t 迅速向均值回复。交易成本使得偏离率对大的冲击和小的冲击反应模式不同。这样，在市场整合的条件下，应预期式（3.2）中 α_1 应接近于 1，$\alpha_1 + \beta_1$ 而则应远小于 1，即 β_1 应是显著的负值。

3.3.3 非线性检验

如前所述，交易成本的存在意味着偏离率的调整过程应是非线性的。不过在建模之前，仍有必要先对现实数据进行非线性检验，以确认是否有采取非线性模型的必要。这种检验并非是冗余的，即使数据本质

是非线性的，只要非线性特征不是足够强烈，那么采用线性模型来研究仍然是一种简洁的可行方式，采用非线性模型反而使问题复杂化了。对于本章的问题，检验的零假设是偏离率 s_t 服从线性自回归（AR）形式，备择假设则是非线性形式。检验问题可以等价描述为 H_0：$\theta = 0$。直觉上对 θ 进行显著性检验即可，然而在 $\theta = 0$ 的假设下参数 β_0 和 β_1 都无法识别。Tsay（1986）的非线性检验方法在经验中被广泛应用，这是估计辅助回归方程：

$$s_t = \phi_0 + \sum_{i=1}^{m} \left(\phi_i s_{t-i} + \delta_{i,i} s_{t-i}^2 + \delta_{i,i+1} s_{t-i} s_{t-(i+1)} + \cdots + \delta_{im} s_{t-i} s_{t-m} \right) + e_t$$

$$(3.5)$$

或者，展开写作：

$$
\begin{aligned}
s_t = \ & \phi_0 + \phi_1 s_{t-1} + \cdots + \phi_m s_{t-m} \\
& + \delta_{11} s_{t-1}^2 + \delta_{12} s_{t-1} s_{t-2} + \cdots + \delta_{1m} s_{t-1} s_{t-m} \\
& + \delta_{22} s_{t-2}^2 + \delta_{23} s_{t-2} s_{t-3} + \cdots + \delta_{2m} s_{t-2} s_{t-m} + \cdots \\
& + \delta_{mm} s_{t-m}^2 + e_t
\end{aligned}
$$

其中，e_t 为随机扰动。如果 s_t 为线性过程，则所有非线性项的系数应为 0，检验的原假设为：

$$H_0: \delta_{i,i} = \delta_{i,i+1} = \cdots = \delta_m = 0, \quad \forall i = 1, \cdots, m.$$

这可以简便地进行 F 检验，如果在给定的显著水平下不能拒绝 H_0，那么就可以认为数据能够使用线性模型来近似，没有必要选择非线性模型。关于 s_t 非线性检验的结果见表 3-2，其中滞后阶数 m 分别设定为 2 和 3。显然，两种情况下线性模型均被显著拒绝。

表 3-2　　　　　　　　规元汇率与银平价的非线性检验结果

	$m = 2$	$m = 3$
F 统计量	13.575 [0.014 **]	3.015 [0.007 ***]

注：表中结果是式（3.5）中原假设 H_0：$\delta_{i,t} = \delta_{i,i+1} = \cdots = \delta_{im} = 0$，$\forall i = 1, \cdots, m$ 的联检验 F 统计量。中括号中是 p 值，*、** 和 *** 分别表示在 10%、5% 和 1% 水平上显著。

3.3.4　模型估计结果

模型（3.2）的最大似然估计结果见表 3 - 3 第一列。其中，α_1 的估计值为 0.812，接近于 1，而 β_1 则显著小于 0，α_1 与 β_1 之和为 0.503。转移函数 G 中，θ 的估计值为 0.348，显著异于 0。给定 s_{t-1} 不同取值条件下，转移函数 $G(s_{t-1}, \theta)$ 的值见图 3 - 3。当上一期偏离率 s_{t-1} 很小时，G 接近于 0，s_t 服从式（3.3）。此时的调整系数 $\lambda = 1 - \alpha_1 = 0.188$，这意味着，假设上一期由于随机冲击导致了汇率与平价的 1 个单位的偏离率，如果此后没有新的冲击发生，那么偏离在接下来的一个月中会有 18.8% 的部分得到修正；换言之，偏离率将一个月内缩小为约 0.8 个单位。而当上一期偏离率很大时，G 接近于 1，s_t 服从式（3.4）。调整系数 $\lambda^* = 1 - (\alpha_1 + \beta_1) = 0.496$，即，偏离率将在一个月内缩小一半——1 个单位的偏离率将在一个月后缩小为 0.5 个单位。这说明，偏离率较小时汇率向银价收敛的速度很慢，而偏离率较大时汇率向银价收敛的速度则快得多。这一结果验证了银点套利的有效性。

表 3 - 3　　　　　　　　　　　ESTAR 模型的估计结果

	ESTAR 1	ESTAR 2（约束 $\alpha_1 = 1$）
α_0	0.0421（0.213）	0.0283（0.227）
α_1	0.812（0.248 ***）	1
β_0	−0.364（0.336）	−0.167（0.323）
β_1	−0.308（0.244）	−0.489（0.037 ***）
θ	0.348（0.177 **）	0.481（0.172 ***）
σ	2.337（0.054 ***）	2.3380（0.054 ***）
Log likelihood	−777.89	−778.07
$\lambda = 1 - \alpha_1$	0.188	0
$\lambda^* = 1 - (\alpha_1 + \beta_1)$	0.496	0.489

注：第一列"ESTAR 1"是式（3.2）的估计结果，第二列"ESTAR 2"是在 ESTAR 1 中约束 $\alpha_1 = 1$ 时的估计结果。小括号中是标准差，*、** 和 *** 分别表示在 10%、5% 和 1% 水平上显著，Log likelihood 是模型的对数似然值。

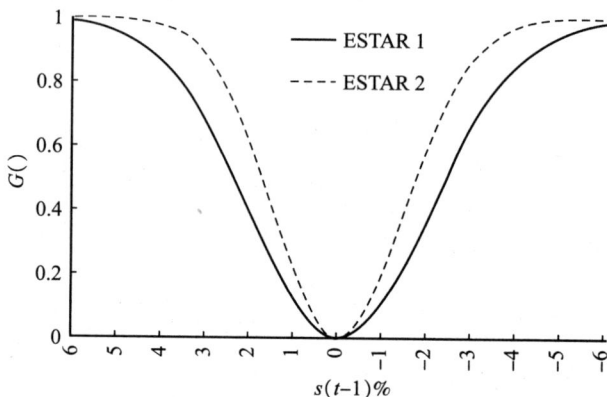

图 3-3 s_{t-1} 与转移函数

　　偏离率大时的调整速度与同时期英美两国之间金点套利下的调整速度估计值非常接近。例如 Canjel 等（2004）估计，美元与英镑的市场汇率与金平价的偏离（超过金点之外的部分）会在一个交易日之内减少 3.24%。以每月 26 个交易日计算，折合为一个月之内偏离减少 57.5%。这表明 20 世纪前期，上海与国际金融市场之间的整合程度与欧美间的整合程度接近。当外生冲击导致市场汇率和平价大幅偏离时，二者的收敛速度很快，据此可以认为当时外汇市场是有效的。

　　由于 α_1 的估计值接近于 1，进而约束 $\alpha_1 = 1$ 时重新估计该模型，结果见表 3-3 第二列。其他参数估计结果与第一列并没有根本的变化。特别是 α_1 与 β_1 之和为 0.511，换言之，偏离率很大时的调整系数 $\lambda^* = 0.489$，与未施加 α_1 约束时的结果十分接近。不过，偏离率较小时该模型的结果与 ESTAR 1 相比则有不同。由于约束 $\alpha_1 = 1$，在 0 附近 s_t 近似服从随机游走过程，调整系数接近于 0。偏离率较小时，汇率和银价几乎是不收敛的。

3.3.5　偏离率的半衰期

　　考察取值不同条件下，偏离率的持续性可以进一步了解以上所估计的非线性模型动态特征。持续性可以通过"半衰期"——偏离率缩减一半所需要的时间——来度量。线性 AR（1）模型 $s_t = \alpha_0 + \alpha_1 s_{t-1} + \varepsilon_t$ 的半衰期计算十分简单：$\ln(0.5)/\ln(\alpha_1)$。也就是说，AR（1）的半衰期为常数，与 s_{t-1} 的取值无关。而 ESTAR 模型则不同，模型的动态特征取决于 s_{t-1} 的取值，其半衰期为（Kilic，2005）：

$$h_t = \frac{\ln(0.5)}{\ln[\alpha_1 + \beta_1 G(s_{t-1})]}$$

当 $s_{t-1}=0$ 从而 $G(\cdot)=0$ 时，$h_t = \ln(0.5)/\ln(\alpha_1) = 3.32$；当 $s_{t-1} \to \pm\infty$ 从而 $G(\cdot)=1$ 时，$h_t = \ln(0.5)/\ln(\alpha_1+\beta_1) = 1.01$。所以，$s_{t-1}$ 不同取值条件下半衰期在 $[1.01，3.32]$ 之间变动。

表 3-4 是 s_{t-1} 在不同取值下的半衰期。其中第一行是 ESTAR 1 模型的结果。在偏离率的样本均值处，半衰期为 3.3 个月；而在偏离率的极大值处，半衰期仅为 1 个月。这意味着，中国外汇市场上汇率与平价本来相同情况下，如果突发一个冲击——比如，国际银价的上涨或者中国净出口的增加——使得汇率暂时偏离平价，并且接下来没有新的冲击发生，那么汇率和平价会逐步收敛，二者偏离率逐步缩小。然而，收敛的速度与初始偏离率的大小有关。如果冲击的力度很小，汇率偏离平价的幅度不大，那么这种偏离缩小一半的时间需要大约 3 个月；而如果冲击的力度很大，使得汇率大幅度偏离平价，那么这种偏离缩小一半的时间仅需要大约 1 个月。事实上，由于转移函数在底部很平坦，在 $|s_{t-1}| < 1\%$ 的区间内大体都可视为 $G(\cdot) \approx 0$（见图 3-3），因而半衰期与样本均值处的情形接近。例如表 3-4 中 $s_{t-1} = 1\%$ 时，半衰期为 2.74 个月。

表 3-4 第二行是 ESTAR 2 模型的结果。当偏离很大时，ESTAR 2 与 ESTAR 1 的结果相似，半衰期仍约为 1 个月。不过，偏离率较小时，二者则不同。由于 ESTAR 2 模型中，在 0 附近 s_t 近似服从随机游走过程，半衰期极长。

表 3 - 4   不同 s_{t-1} 取值条件下，偏离率冲击的半衰期

s_{t-1}	最大值 9.890%	75% 分位点 0.995%	均值 -0.207%	25% 分位点 -1.210%	最小值 -12.211%
半衰期 ESTAR 1	1.01	2.74	3.286	2.54	1.01
半衰期 ESTAR 2	1.033	6.556	142.97	4.568	1.033

注：最大值是指全部样本中 s_{t-1} 的最大值，25% 分位点是指全部样本中 s_{t-1} 从小到大排序的 25% 分位点。其余类同。

以往文献中，度量两个市场整合的程度时，广泛采用的方法是计算两个市场之间价格变化的相关性或者价格水平之协整关系。这种方法以"一价定律"为基础，认为在两个整合程度很高的市场上，套利会使两个市场的价格一致；反之如果两个市场分隔，套利难以进行，价格就可以长期偏离。不过从以上的结果中读者可以认识到该方法的不足。由于套利成本的存在，两个市场价差（或者说偏离率）会产生"中性带（neutral band）"。在中性带区间内，尽管两地价格不同，但由于偏离率不是足够大，考虑交易成本后却无套利收益，因此偏离率并不会很快向零收敛。换言之，即使两市场整合，当两地价格偏离率不是足够大时，价格变动的相关度也可以并不高。

3.3.6　模型的稳健性

如图 3 - 2 显示，样本期内汇率与平价的大幅偏离主要体现在两个时段：一是第一次世界大战期间以及战后初期，二是大萧条时期。其他时段则相对平稳。很明显，大幅偏离一般受到重要的政治或者经济事件的影响。而事件的冲击往往是暂时性的，随着事件结束较大的偏离率也就消失了。因此，直觉上，上述 ESTAR 模型发现的偏离率越大回复速度也越快的结论可能是事件性冲击的结果，平稳时期则未必会有明显的 ESTAR 效应。为了验证上述结论的稳健性，作者在方程（3.2）中加入

哑变量控制事件的影响，重新估计模型。具体的，将偏离率设定为：

$$s_t = (\alpha_0 + \alpha_1 s_{t-1} + d_1 D_t) + (\beta_0 + \beta_1 s_{t-1} + d_2 D_t) G(s_{t-1}, \theta)$$

$$+ \varepsilon_t, \ \varepsilon_t \sim iidN(0, \sigma^2) \tag{3.6}$$

其中，哑变量 D_t 在第一次世界大战（1914 年 7 月～1918 年 11 月）和大萧条（1929 年 10 月～1933 年 12 月）期间赋值为 1，其他时期赋值为 0。

表 3 - 5 第一列是模型（3.6）的估计结果，第二列则是模型（3.6）中约束 $\alpha_1 = 1$ 的结果。两种情形下，哑变量的系数 d_1 和 d_2 均不显著，模型的对数似然值相比表 3 - 3 也几乎没有提高，这表明模型中加入哑变量并没有必要。表 3 - 5 第一列对比表 3 - 3 第一列的结果，α_1 和 β_1 的估计值变化不大，据此计算的偏离率在零附近的调整系数 λ 为 0.217，而偏离率很大时的调整系数 λ^* 为 0.522。表 3 - 5 第二列对比表 3 - 3 第二列的结果，调整系数 λ 和 λ^* 基本没有变化。这表明，控制住第一次世界大战和大萧条事件的影响后，收敛速度仍与偏离率的大小有关，或者说，ESTAR 效应仍十分明显。

表 3 - 5　　　　　　　　　ESTAR 模型的稳健性

	ESTAR - DUMMY 1	ESTAR - DUMMY 2（约束 $\alpha_1 = 1$）	ESTAR - IGARCH
α_0	-0.149（0.256）	-0.079（0.283）	-0.288（0.080）
α_1	0.783（0.168***）	1	0.940（0.164***）
d_1	0.706（0.406）	0.536（0.459）	
β_0	-0.572（0.539）	-0.347（0.445）	1.182（0.364***）
β_1	-0.305（0.174*）	-0.516（0.040***）	-0.480（0.178***）
d_2	-0.302（0.830）	0.037（0.676）	
θ	0.258（0.149*）	0.446（0.134***）	0.471（0.128***）
σ	2.320（0.057***）	2.325（0.058***）	
c_0			0.306（0.047***）
c_1			0.412（0.037***）

续表

	ESTAR – DUMMY 1	ESTAR – DUMMY 2 （约束 $\alpha_1 = 1$）	ESTAR – IGARCH
c_2			0.588
Log likelihood	– 775.43	– 776.22	– 702.90
$\lambda = 1 - \alpha_1$	0.217	0	0.060
$\lambda^* = 1 - (a_1 + \beta_1)$	0.522	0.484	0.540

注：第一列 "ESTAR – DUMMY（1）" 是模型（3.6）的估计结果，第二列 "ESTAR – DUMMY（2）" 是在模型（3.6）中约束 $\alpha_1 = 1$ 时的估计结果。第三列 "ESTAR – IGARCH" 是模型（3.7）的估计结果。小括号中是标准差，$*$、$**$ 和 $***$ 分别表示在 10%、5% 和 1% 水平上显著，Log likelihood 是对数似然值。

图 3 – 2 还显示，偏离率具有异方差特征——明显的，偏离率大的两个时段，其波动也十分剧烈。为控制异方差效应，改变方程（3.2）中残差同方差的假定，将残差设定为 IGARCH 过程：

$$s_t = (\alpha_0 + \alpha_1 s_{t-1}) + (\beta_0 + \beta_1 s_{t-1}) G(s_{t-1}, \theta) + \varepsilon_t, \ \varepsilon_t \sim iidN(0, \sigma_t^2)$$

$$\sigma_t^2 = c_0 + c_1 \varepsilon_{t-1}^2 + c_2 \sigma_{t-1}^2 \tag{3.7}$$

其中，$c_2 = 1 - c_1$。模型（3.7）估计结果见表 3 – 5 第三列。相比常数方差模型的结果（表 3 – 3 第一列），异方差模型的对数似然值有了显著提高。事实上，模型（3 – 7）约束 $c_1 = c_2 = 0$ 时便是常数方差模型（3.2）。关于原假定 $c_1 = c_2 = 0$ 检验的似然比统计量为 149.98 [$= -2 \times$ (777.89 – 702.90)]，远大于 $\chi^2(2)$ 的 99% 分位点 9.21，因此似然比检验高度显著。这表明数据的确具有异方差效应。尽管如此，模型（3.7）关于收敛速度的估计结果与表 3 – 3 仍是一致的。模型（3.7）中 α_1 的估计值为 0.94，十分接近于 1，因此不再约束 $\alpha_1 = 1$ 重新估计模型。模型（3.7）的估计结果与模型（3.2）中约束 $\alpha_1 = 1$ 的结果（见表 3 – 3 第二列）比较，几个关键参数——α_1、β_1 和 θ——的值几乎没有变化。与模型（3.2）的结果相似，模型（3.7）的结果也显示，偏离率在 0 附近近似服从随机游走过程，而偏离率很大时的半衰期约为

1 个月。这与常数方差模型的结论相同。这表明，ESTAR 模型的估计结果具有良好的稳健性。

3.3.7　偏离率与银的跨国流动

如果偏离率能够与白银跨国流向互为印证，将有助于进一步验证中外市场整合的可信性。遗憾的是，白银进出口数据记录不够详细，样本期内只有完整的年度数据。图 3-4 是汇率与平价的偏离率，以及白银的净流出量。两条曲线有大体相似的走势，尽管样本期内总体上白银是净流入的。当上海外汇市场上规元汇价相对其铸币平价低估时（20 世纪初以及第一次世界大战期间），白银净出口；反过来，当规元汇价高估时，白银净进口。银的跨国流向总体符合套利原理。不过应该说明的是，年度数据有其不足。如前面经验结果表明的，偏离率很大时其半衰期仅为 1 个月，汇率和平价的调整速度很快。而年度数据作为每年各月的均值，一定程度上掩盖了月度之间数据的波动。

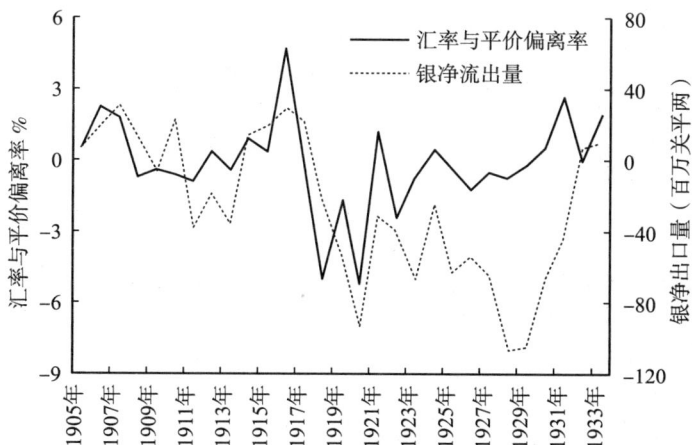

图 3-4　偏离率与银净流出量

注：年度偏离率为月偏离率（见图 3-2）的年度均值，以纯银含量计，1 关平两与 1.052 规元两相等；银净出口量 1931 年之前来自吴大业（1933），1931 年之后银净出口量来自郑友揆（1984，第 343 页）。

3.4　本章小结

本章以定量方法分析了清末民国时期银本位制度下，中国汇率偏离国际银价的影响因素，以及偏离率的动态特征。经验结果验证了，中国银本位制度下，影响汇率偏离平价的因素主要有两个：一是国际银价变化时，中国汇率的调整具有滞后性，当国际银价下跌时，中国汇率便高估，反之则反是。二是中国的国际收支状况导致的外汇市场供求关系的影响。中国国际收支顺差时，中国货币供不应求因而本币高估。反之，中国国际收支逆差时本币低估。不过，汇率与平价偏离率长期仍是一致的。偏离率服从非线性的调整过程，偏离率越大，其向均衡值收敛的速度就越快。而由于交易成本的存在，偏离率小时收敛的速度则很慢。交易成本使得偏离率对大的冲击和小的冲击反应模式不同。

汇率与平价出现大幅偏离时，接下来二者收敛的速度相当快，平均而言，偏离率将在一个月内缩小 50%。该调整速度与同时期英美两国之间金点套利下的调整速度估计值接近。例如 Canjel 等（2004）估计，美元与英镑的市场汇率与金平价的偏离（超过金点之外的部分）会在一个月之内减少 57.5%。这表明 20 世纪前期，与欧美间金融市场整合程度相比，上海与国际金融市场之间的整合程度尽管有所不及，相差也并不悬殊。银点套利机制保证了银本位下中国外汇市场的有效性。因此，尽管绝大多数时期上海汇率与平价并不相等，仍然可以认为上海与国际金融市场是高度整合的。

参考文献：

1. Acemoglu, Daron, Simon Johnson, and James A. Robinson, "Reversal of Fortune: Geography and Institutions in the Making of the Modern World Income Distribution", Quarterly Journal of Economics, 2002, 117, 1231–1294.

2. Allen, Robert C., and Richard Unger, "The Depth and Breath of the Market for

Polish Grain, 1500 – 1800", in Lemmink and van Konigsbrugge (eds.), Baltic Affairs: Relations between the Netherlands and North – Eastern Europe, 1500 – 1800, Nijmegen: Instituut voor Noord-en Osteuropese Studies, 1990.

3. Bordo, Michael D. , Alan M. Taylor, and Jeffrey G. Williamson, eds. *Globalization in historical perspective.* University of Chicago Press, 2007.

4. Canjels, Eugene, Gauri Prakash – Canjels, and Alan M. Taylor, "Measuring Market Integration: Foreign Exchange Arbitrage and the Gold Standard, 1879 – 1913", Review of Economics and Statistics, 2004, 86 (4), 868 – 882.

5. Clark, Truman A. , "Violations of the Gold Points, 1890 – 1908", Journal of Political Economy, 1984, 92 (5), 791 – 823.

6. Goetzmann, William N. , Andrey D. Ukhov, and Ning Zhu, "China and the World Financial Markets 1870 – 1939: Modern Lessons from Historical Globalization", Economic History Review, 2007, 60, 267 – 312

7. Kilic Rehim, "Confidence intervals for half-life deviations from Purchasing Power Parity in a nonlinear model", working paper, http: //www. atl-res. com/macro/papers/Kilic%20paper. pdf. 2005.

8. Li, Lillian, "Grain prices in Zhili Province, 1736 – 1911: A Preliminary Study", in Chinese History in Economic Perspective, T. Rawski and L. Li (eds.), Los Angeles: University of California Press, 1992.

9. Michael, Panos, A. Robert Nobay, and David A. Peel, Transactions Costs and Nonlinear Adjustment in Real Exchange Rates: An Empirical, Journal of Political Economy, 1997, 105 (4), 862 – 879.

10. North, Douglass, "Ocean Freight Rates and Economic Development 1750 – 1913", Journal of Economic History, 1958, 18 (4), 537 – 555.

11. Officer, Lawrence H. , Between the Dollar – Sterling Gold Points: Exchange Rates, Parity, and Market Behavior, Cambridge: Cambridge University Press, 1996.

12. O'Rourke, Kevin H. , and Jeffrey G. Williamson, "After Columbus: Explaining Europe's Overseas Trade Boom, 1500 – 1800", The Journal of Economic History, 2002, 62 (2), 417 – 456.

13. Pomeranz, Kenneth, The Great Divergence, Princeton: Princeton University

Press，2000.

14. Shiue，Carol and Keller W.，"Markets in China and Europe on the Eve of the Industrial Revolution"，American Economic Review，2007，97（4），1189 – 1216.

15. Spiller Pablo T.，and Robert O. Wood，"Arbitrage during the Dollar – Sterling Gold Standard，1899 – 1908：An Econometric Approach"，Journal of Political Economy，1988，96（4），882 – 892.

16. Studer，Roman，"Does Trade Explain Europe's Rise? Geography，Market Size and Economic Development"，Working Paper. http：//eprints. lse. ac. uk/27877/，2009.

17. Wang，Yeh-chien，"Food Supply and Grain Prices in the Yangtze Delta in the Eighteen Century"，Proceedings of the Second Conference on Modern Chinese Economic History，1989.

18. Welfens，Paul，and Cillian Ryan，（eds.），Financial Market Integration and Growth，Berlin：Springer – Verlag Press，2011.

19. 何廉：《三十年天津外汇指数及外汇循环》，载于《清华学报》第 4 卷第 2 期（1927 年 12 月），第 1361 ~ 1396 页。

20. 贺水金、杜恂诚：《上海金融的制度、功能与变迁（1897 ~ 1997）》，上海人民出版社 2002 年版。

21. 孔敏主编：《南开经济指数资源汇编》，中国社会科学出版社 1988 年版。

22. 陆铭：《中国区域经济发展中的市场整合与工业集聚》，上海人民出版社 2006 年版。

23. 马寅初：《中国国外汇兑》，商务印书馆 1933 年版。

24. 彭凯翔：《清代以来的粮价：历史学的解释与再解释》，上海人民出版社 2006 年版。

25. 吴大业：《百年来金银比价变动之原因及其影响》，载于《经济统计季刊》第 1 卷第 1 期（1932 年 3 月），第 1 ~ 79 页。

26. 吴大业：《金银本位国间金银货流动的原则及中国金银货进出口的解释》，载于《经济统计季刊》第 2 卷第 2 期（1933 年 6 月），第 351 ~ 381 页。

27. 吴大业：《一个新的外汇指数》，载于《政治经济学报》第 3 卷第 3 期（1935 年 4 月），第 463 ~ 509 页。

28. 许檀：《明清时期城乡市场网络体系的形成及意义》，载于《中国社会科学》2000 年第 3 期。

29. 颜色、刘丛：《18 世纪中国南北方市场整合程度的比较——利用清代粮价数据的研究》，载于《经济研究》2011 年第 12 期。

30. 郑友揆：《中国的对外贸易和工业发展（1840～1948）》，上海社会科学院出版社 1984 年版。

第 *4* 章

银点套利与中国外汇市场的效率

本章导读

现有的经济史文献深入讨论了古典金本位时期（19 世纪后期至第一次世界大战之前）欧美外汇市场上"金点套利"的效率问题，然而关于同时期中国银本位制效率的定量分析却未曾见。本章基于银点套利思想，研究中国货币的汇率与铸币平价之关系。结论表明，当时银点占铸币平价的 1.5 个百分点左右。汇率和平价偏离幅度超过银点时，其向银点的收敛速度非常快——与同一时期金点套利原理下英美两国汇率调整速度的估计值接近。另外，当汇率和平价的偏离幅度超出银点时，白银跨国输送的方向与银点套利的预测也基本一致。这表明，中国银本位制度下白银的跨国套利机制是相对有效的，这为当时上海与国际市场的高度整合提供了经验支持。

4.1 引　言

19 世纪 70 年代开始，欧美主要国家纷纷采用金本位制。在金本位制下，铸币平价（两种货币的贵金属含量之比）恒定，这也是决定汇率的基础。相应的，金本位各国货币之间属于固定汇率制。[①] 除了平价

---

① 例如第一次世界大战前，1 英镑的法定金含量是 7.32238 克，1 美元的法定金含量是 1.50463 克，铸币平价便是 1 英镑＝4.86656 美元。

之外，市场汇率还会受到两种货币供求关系的影响而波动，不过，其波动幅度会受到黄金输送点——简称"金点"，即跨国输送黄金的成本——的限制。如果本国货币在外汇市场上过分高估（超过平价＋黄金输入成本），则以外币兑换本币就不如从国外输入黄金成本更低，黄金流入本国；反之，本国货币在外汇市场上过分低估（低于平价—黄金输出成本）时，黄金流出本国。外汇市场上供求关系可能使得汇率偏离平价，不过只要存在有效的黄金跨国套利机制，超过金点之外的偏离便无法长期维持，最终会向金点收敛。而在金点范围内，即使汇率偏离平价，却不存在套利，此时汇率受外汇供求冲击的影响而随机波动。

　　关于 19 世纪末至 20 世纪初金本位时期英美外汇市场的效率，经济学和经济史文献已经有了大量的探讨。其核心问题是黄金套利机制能否保证两国汇率稳定在平价附近。如果套利机制有效，则汇率对平价的偏离幅度超过金点的情形应该不常被观测到，于是，这进一步便涉及到对金点的估计。现有文献中的结论存在明显分歧。例如，Clark（1984）估计了英美之间的黄金输送成本，认为汇率的波动幅度经常超过金点并且持续时间可长达数月，而且，现实中黄金跨国流动的方向有时也与金点套利的预测相反，因而金本位是无效的。然而，Officer（1996）认为，如果采用更细致的方法估算金点，则汇率波动幅度很少超过金点，金本位制是有效的。[①] Spiller 和 Wood（1988）对汇率的分析也得到与 Officer 相似的结论。Canjels 等（2004）的估计结果也表明，1879 年以后，英美外汇市场的一体化程度越来越高，金点有逐步减小的趋势。当汇率波动超过金点时，一般伴随有黄金跨国输送，方向与金点套利理论的预测一致。

---

　　① Officer 根据更为详细的统计资料，计算了每一时期运输黄金的各项成本并加总，而 Clark 则假定整个样本期内成本是常数。

20 世纪前期，中国是世界上的大国中唯一采用银本位的国家。[①] 白银在中国被用作货币，在国际市场上却只是用金计价的普通商品。中国与美国（或其他金本位国家）之间的汇率关系就有别于同为金本位制的英美之间的汇率关系。由于国际银价不断变化，作为中美汇率基础的铸币平价——两种货币分别所含银和金的比价——本身不再是恒定值。换言之，中国与金本位国家之间实行的是浮动汇率制。有研究者甚至认为银本位制下的中国实行的是国际金融史上少见的清洁浮动汇率制，因为银价完全由国际市场供求决定（贺水金，2006）。然而我们认为这仅是硬币的一面。事实上，中国的银本位是固定汇率与浮动汇率的一个奇怪的混合体。之所以说其还具有固定汇率的特性，是因为中国的汇率由国际银价决定，尽管汇率并非常数，却并不能真正地自由调整。

与金点套利的原理类似，货币供求冲击使得中国外汇市场上汇率与平价的偏离幅度过大时，也可能出现白银的跨国流动。关于银本位制的中国与金本位国之间汇率与白银流动的关系问题研究者很早就有清楚认识，例如吴大业（1933）和林维英根据套利机制对清末民初时期中国白银的进出口现象做出了解释。林维英认为，"在 1929 年前的伦敦市场上和 1931 年前的纽约市场上，中国的汇率始终高于输入点，使进口白银有利可图。另一方面，从 1934 年起，中国的汇率又高出输出点，从而使输出白银有利可图"（林维英，1936，第 30 页）。然而，关于中国银本位制效率方面的定量分析却不多见，中国经济史文献中对这一问题的探讨远不如美欧学者对金本位制度效率问题的研究深入。事实上，中

---

① 1816 年英国率先实行金本位制，此前则流行金银复本位制。19 世纪 70 年代开始，欧美各国纷纷采用金本位制。印度、日本等亚洲国家也在 19 世纪末采用金本位制。关于中国银本位的提法尚有不同观点。除了银两之外，中国内地小额交易中普遍使用铜钱，而铜钱与银两之间并不存在固定的比价关系，故也有观点认为这一时期中国是银铜复本位制度（Chen，1975；管汉晖，2008）。20 世纪 30 年代作为中国政府顾问的甘末尔（Edwin W. Kemmerer）甚至认为中国的货币是多元本位，币制随地而异、各不相同（阿瑟·杨格，1981，第 177 页）。不过铜钱在对外交易中并不使用，当时中国主要外汇市场（上海和天津）的汇率报价均为银两与外币的比率。

国货币之汇率是否会大幅偏离铸币平价？如果偏离，是否会快速向平价收敛？这些是很有意义的话题，通过对此类汇率动态特征问题的研究不仅可以评估中国银本位制的效率，检验白银套利的有效性，还可以推断清末民初时期国内外金融市场整合的程度。

由于白银跨国套利存在成本，只有当中国外汇市场上供给冲击或者需求冲击导致汇率与平价的偏离幅度超出某个阈值（银点）时才会出现白银的跨国流动，此时汇率和平价才出现收敛趋势。而在银输入点和输出点之间便形成"中性带"，在中性带内没有套利收益。换言之，即使在中外市场高度整合条件下，汇率与平价也并不总是相同或者相差常数，因为偏离不超过银点时汇率变动和平价变动可以毫无相关性。这意味着，交易成本使得偏离对大的冲击和小的冲击反应模式不同。不过，国内外市场整合程度较高或者说白银套利的效率较高时，银点会较小，而且偏离幅度超过银点时汇率和平价的收敛速度会较快；反之，如果银点较大，或者汇率和平价收敛速度较慢，则意味着白银套利的效率较低。

这样，通过银点便将汇率与平价的偏离幅度划分为不同的状态：偏离超过银点时汇率与平价呈现收敛趋势；偏离小于银点时形成中性带，汇率与平价的变动互相独立。根据这一特点，本章通过一类非线性时间序列分析方法——门阈误差修正模型（Threshold Error Correction Mechanism，TECM）——来研究汇率与平价的关系。[①] 经验结论表明，第一，中国的银点约占银输送价值的 1.5 个百分点，这与当时文献中记载的白银由美国旧金山运往上海的费用可以相互印证；第二，汇率和平价偏离幅度超过银点时二者的收敛速度很快，银点之外偏离的半衰期约为三周，这与同一时期金点套利原理下英美两国汇率的调整速度估计值非常

---

①　考虑到交易成本，不少研究者采用非线性时间序列方法研究空间市场的整合问题。例如 Spiller 和 Wood（1988）采用内生的状态转换模型、Canjels 等（2004）采用门阈自回归模型估计金本位下英美之间的黄金输送成本，Obstfeld 和 Taylor（1997）也使用门阈自回归模型估计当代国际间商品贸易的成本。

接近；第三，从得到的样本期内有限的白银月度流动记录来检验，当汇率和平价偏离幅度超过银点时，白银跨国输送的方向与银点套利原理的预测也基本一致。总体上，中国清末民初时期的银本位制度下，白银的跨国套利机制是有效的，这也为当时上海与国际市场的高度整合提供了经验支持。

本章第 4.2 节简要介绍数据特征；第 4.3 节介绍计量经济方法，基于白银套利思路推导了门阈误差修正模型；第 4.4 节是经验结果；第 4.5 ~ 4.6 节是基于银跨国流动数据和日度数据的稳健性检验；最后是本章小节。

4.2 数 据

本章使用的月度数据包括中国货币——规元（单位：两）——对美元的市场汇率，以及国际白银价格，后者用于计算规元的平价。[①] 规元兑美元的市场汇率以上海外汇市场的电汇价格表示，国际白银价格在不同时段分别以伦敦和纽约银价表示。上海外汇市场上规元兑美元价格 1905 年以后才能获得连续的月度观测，所以样本期自 1905 年 1 月 ~ 1932 年 12 月。样本截至 1932 年底是因为 1933 年春规元停止使用，并且美国也在 1933 年放弃了金本位制度。

第一次世界大战开始以前，世界金融和白银交易中心均在伦敦，因此这一时期作者以伦敦银价计算铸币平价。伦敦银价是每盎司成色 92.5% 标准银所值英镑数，即英国标准银每盎司含纯银 480 × 0.925 格令（grain，1 盎司 = 480 格令），而上海规元每两含纯银 518.512 格令（吴大业，1935），这样可知规元 1 两与伦敦标准银 1.16782 盎司所含纯

---

① 尽管中国的主要城市普遍使用银两作为记账单位，然而各地银两所合纯银质量却有差别。规元是 1856 年起通行于上海的一种作为记账单位的虚银两，规元 1 两合纯银 33.599 克（即 518.512 格令）。后来随着上海成为全国商业中心，规元也为全国商界普遍应用。1933 年国民政府推行"废两改元"政策，规元停止使用。

银相等。已知伦敦标准银每盎司的价格，便得到规元与英镑的平价，而规元与美元的平价可由英镑与美元的金平价推算。第一次世界大战开始后伦敦失去了世界金融中心的地位，黄金在英国与其他国家之间的自由流动也受到限制，所以伦敦银价对世界银价的代表性变弱，纽约白银市场继之兴起，中国和远东各国进出口银货改由美国运输。故由 1915 年起，改以纽约银价计算平价。纽约市场中银价数据为每盎司纯银的实际成交价格，而上海规元每两合纯银 1.08023（518.512/480）盎司，以该数值乘以纽约银市每盎司纯银价格便得到规元与美元的铸币平价。进一步，比较平价与同期上海市场上规元兑美元汇率即得到汇率对平价的偏离幅度。

　　上海市场上规元兑美元汇率以及二者的平价关系见第 3 章的图 3-1。其中汇率以直接标价法表示——即 1 美元合规元数。汇率数据来自孔敏（1988，第 450 页），平价数据来自吴大业（1935）。[①] 图 3-1 显示出数据的两个特点：第一，汇率与平价的变化高度一致，说明外汇市场上规元的定价基本是以其内在银含量的价值为基础的。第二，样本期内汇率或者说国际银价波动幅度很大。第一次世界大战后期至战后初期规元大幅度升值，同时国际市场上作为大宗商品的白银随国际物价上涨而上涨。战后，一些欧洲国家为筹集重建资金，借高银价机会出售白银。例如在国际银价最高的 1920 年，英国便将其银辅币的成色由 9.25 成减至五成。世界银价受到各国售银冲击下跌，至 1921 年基本回复至战前水平。1925 年前后，由于部分欧洲国家试图恢复"一战"中受到破坏的金本位制，促成了黄金的价格上涨，另一方面便是银价的下跌。1929年前后银价更是大幅下跌，这是源于两个方面的原因：一是资本主义世界的大萧条和通货紧缩打击了大宗商品（包括白银）的价格；二是原来施行银本位的国家波斯和越南改行金本位，这使得白银的流通区域仅

---

　　① 吴大业（1935）根据汇率以及国际银价计算了美元汇率对平价的比率，以汇率除以该比率即可求得规元与美元的铸币平价。具体数据见附表 A3 和附表 A4。

剩中国，大量剩银被抛售。①

图 3 - 2 是汇率对平价的偏离，以汇率减去平价表示。负值表示上海外汇市场上美元价格低估而低于平价（规元高估），正值表示上海外汇市场上美元价格高估而高于平价（规元低估）。偏离的均值接近于 0，表明从整个样本期看，汇率不存在系统性的高估或者低估。然而偏离的标准差比均值大得多。1905～1907 年，规元汇率相对于平价有所低估，1907 年之后至第一次世界大战之前，规元汇率则在多数月份里有所高估。不过总体上这一时期汇率与平价的偏离较小。第一次世界大战之中以及战后初期偏离幅度则扩大并且波动剧烈。汇率对平价的偏离最高达到 0.1 规元，更有不少月份超过 0.05 规元。1923～1929 年汇率复归平稳，这也是样本期内汇率与平价偏离最小的一段时间。1929 年大萧条开始后，汇率对平价的偏离幅度又加大，此时外汇市场上美元被高估。尽管大萧条期间金贵银贱使得美元的铸币平价大幅度提高，不过外汇市场上美元升值的幅度更大于平价上涨的幅度。

白银套利的原理在前一章中已有详述，这里仅作简要概括。样本期内中国为银本位而美国为金本位。银可在上海外汇市场上兑换美元，也可在纽约银市出售变现为美元。根据一价定律，一单位纯银在两个市场（上海汇市和纽约银市）上的价格（所换取的美元数）应相等，否则便出现套利机会。如果上海汇市上规元升值，跨区套利将导致白银流入；反之白银流出。套利行为保证了汇率与平价之间的平稳关系。不过现实中由于运输成本以及风险的存在，汇率与平价偏离幅度只有超过一定阈值时才会出现白银跨国输送。在阈值之内，由于不存在套利空间，汇率波动和铸币平价的变动可以互相独立。

① 国际银价大起大落，给中国进出口业务和对外借贷造成了汇率风险。因为规避风险的需求，当时中国在金融创新方面走在世界前列。上海是远东最重要的金融中心，不仅有发达的外汇现货交易市场，还有定期（即期货）市场。20 世纪 20 年代还出现了上海标金市场和黄金期货交易，30 年代中期以前交易额仅次于纽约和伦敦（杜恂诚，1995）。

4.3　白银套利模型

4.3.1　套利的成本

在银本位制度下，白银净输入（或净输出）会影响到中国货币市场的供给状况，进而影响到汇率变动。以简化的线性方程表示：

$$\Delta(E_t - E_t^*) = \eta\Delta S_t + \varepsilon_t \tag{4.1}$$

其中，S_t 是国内市场的银存量，下文经验数据中以上海代表国内市场。Δ 表示一阶差分算子：$\Delta X_t = X_t - X_{t-1}$。$\varepsilon_t$ 是影响汇率变动的其他外生扰动因素，设定其为平稳过程是合理的。参数 $\eta > 0$，表示汇率的变动会受到当期白银净输入量的正向影响：白银净输入时，规元供给增加，其汇率相对平价的偏离会上升，即规元贬值。

设定银跨区输送的成本是输送量的函数，而输送成本又反过来会影响到银的跨区输送量。由于银套利可以是双向的（将银由中国运至美国，或者反之），套利成本可以写成流量绝对值 $|\Delta S_t|$ 的函数。国际套利者在中美之间跨地区进行 $|\Delta S_t|$ 单位白银的成本为：

$$C = b \cdot |\Delta S_t| + \frac{1}{2}c \cdot |\Delta S_t|^2 \tag{4.2}$$

其中，参数 $b > 0$ 和 $c > 0$。该成本函数中，假定固定成本为 0，边际成本随着流量而递增。即，边际成本初始为 b，并且按照速率 c 递增。

常数的边际成本部分 b 包括必不可少的包装运输费用、保险费、手续费以及利息成本。边际成本随着套利流量而递增（$c > 0$）的假定，可以从两个方面来解释。第一，套利商营运的资本有限，而两地间银的套利交易要较长时间占用大量资金，将其资金用于两地套利，则势必牺牲其他贸易机会。用金融中的资产组合选择概念而言，贸易商面临如何在不同的投资中配置资产的问题。进行跨太平洋白银套利时，贸易商首先牺牲最低收益的其他投资机会，若套利量再增加，则要进一步牺牲更高收益的投资机会。这样，从资金的机会成本角度而言，贸易量越大边际成本越高。第二，随着套利量增大，运输和改铸的边际费用也会越来越高。当时上海输出输入的银货主要有大条银、银两（元宝）和银元三种形式。其中大条银纯度高、规格统一，广为国际和国内银市接受，比如原铸自英国的伦敦大条银和原铸自美国的纽约大条银成色分别为99.8%和99.9%。若输出量较小时，可采用大条银形式，其包装和运输费用较低。不过，若输出量增大则不得不部分采用银两、银元形式，其单位运输费用较高，并需要支付改铸成本。从国外输入银时情形也相似。耿爱德（1933）记载由大条银改铸元宝时，铸费与炉房利益占银价的0.63%。尽管作者没有找到当时由元宝改铸大条银时炉耗的详细数字，但改铸需支付一定成本则是无疑的。例如吴大业（1935）记载，"盖由大条银改铸元宝时需付铸费，但由元宝改铸大条时亦需付铸费"。

4.3.2 最优套利行为

现在考虑以盈利最大化为目标的套利者的行为。套利商可在两地输送白银套利，直至边际收益等于边际成本时盈利达到最大。考虑 t 期上海进口银的情形，必要条件是前一时期上海市场上的规元汇率小于铸币平价 $E_{t-1} < E_{t-1}^*$，在中美之间进行 1 单位（价值 1 美元）白银套利的边际收益为 $MR = E_{t-1}^* - E_{t-1}$。假设 t 期已经有 $y(>0)$ 单位银净进口，额外增加一单位银进口的边际成本为 $MC = b + c \cdot y$。边际成本等于边际收益时，上海停止输入银。此时便得到上海银的最优输入量 $y_t = S_t - S_{t-1} = \Delta S_t$，最优输入量可以表示为：

$$\Delta S_t = \frac{1}{c} \left[(E_{t-1}^* - E_{t-1}) - b \right], \ E_{t-1}^* - E_{t-1} > \theta \qquad (4.3)$$

其中，阈值 $\theta > 0$，汇率与平价之差超过 θ 时，套利就会使得银由国外输往上海。换言之，上海规元汇价高估的幅度超过 θ 时，上海银呈净输入状态。θ 可以理解成银跨太平洋输送的成本，包括包装运输费用、资金机会成本以及改铸费用等。

如果银的跨区流量可以无限细分，即 ΔS_t 的下限为 0，则有 $\theta = b$。反之，若 $\theta > b$ 意味着 ΔS_t 的下限为 $(\theta - b)/c$，也就是说，ΔS_t 具有离散性的跳跃特征。这可以解释为银的跨区流量存在一定的运量门槛，只有成较大批量的运输才可行。[①] 式（4.3）可改写为：

$$\Delta S_t = \frac{\theta - b}{c} - \frac{1}{c}\left[(E_{t-1} - E_{t-1}^*) + \theta\right], \quad E_{t-1} - E_{t-1}^* < -\theta$$

除了汇率与平价的偏离幅度之外，边际成本（c）也会影响到银的输入流量。短时间内，边际成本随银输入流量增加而增长，而边际收益不变。这样，当边际成本赶上边际收益时便会反过来限制流量的放大，从而使部分白银输送延迟至以后时期进行。

由上海向纽约输出银的情形可类比得出，此时上海银存量的变动可表示为：

$$\Delta S_t = -\frac{\theta - b}{c} - \frac{1}{c}\left[(E_{t-1} - E_{t-1}^*) - \theta\right], \quad E_{t-1} - E_{t-1}^* > \theta \quad (4.4)$$

ΔS_t 为负值，表示上海银的输出。最后，当 $|E_{t-1} - E_{t-1}^*| \leq \theta$ 时，$\Delta S_t = 0$，两地没有白银的流动。此时尽管汇率与平价未必相等，然而偏离幅度不足以弥补套利成本。

这样，银在中外的输送情形可以分成三个状态：当 $E_{t-1}^* - E_{t-1} > \theta$ 时，上海净输入银；当 $E_{t-1} - E_{t-1}^* > \theta$ 时，上海净输出银；当 $|E_{t-1} - E_{t-1}^*| \leq \theta$ 时，上海与国外不存在银输送。结合方程（4.1）和方程（4.3），得到银输入状态下的汇率调整过程：

$$\Delta(E_t - E_t^*) = k - \lambda\left[(E_{t-1} - E_{t-1}^*) + \theta\right] + \varepsilon_1, \quad E_{t-1} - E_{t-1}^* < -\theta \quad (4.5)$$

其中，$\lambda = \eta/c > 0$，$k = \lambda(\theta - b) \geq 0$。式（4.5）给出了汇率与平价偏离的误差修正机制（ECM），当汇率与平价的偏离幅度过大——满足套利条件——时，白银的跨国流动会使得偏离在接下来的一段时间会自动修正。λ 称为修正速度，即偏离幅度将在一期之内减小 λ 比例。偏离幅度

---

① 自然的，θ 不小于固定边际成本 b，否则只要 $c > 0$，对于 $\theta < E_{t-1}^* - E_{t-1} < b$ 的取值方程（4.3）中括号中项是负值，这与上海银输入矛盾。

的缩小即可能通过规元汇率的调整来实现，也可能通过国际市场上金银比价（平价）的调整来实现，或者二者的同时调整来实现。①

类似的，可以得到上海输出银状态下（$E_{t-1} - E_{t-1}^* > \theta$）的汇率与平价关系的修正机制。最后，当 $|E_{t-1} - E_{t-1}^*| \leqslant \theta$ 时，不存在银跨国流动，此时式（4.1）中 $\Delta S_t = 0$。即汇率与平价偏离幅度的变动仅由随机扰动项 ε_t 决定。三种状态可以统一写为：

$$\Delta(E_t - E_t^*) = \begin{cases} k - \lambda\left[(E_{t-1} - E_{t-1}^*) + \theta\right] + \varepsilon_t, & E_{t-1} - E_{t-1}^* < -\theta \\ \varepsilon_t, & |E_{t-1} - E_{t-1}^*| \leqslant \theta \\ -k - \lambda\left[(E_{t-1} - E_{t-1}^*) - \theta\right] + \varepsilon_t, & E_{t-1} - E_{t-1}^* > \theta \end{cases}$$

(4.6)

模型（4.6）简要描述了汇率平价偏离的动态调整过程。偏离被阈值 $-\theta$ 和 θ 划分成三个状态，其中区间 $[-\theta, \theta]$ 构成了"中性带"。如果 $k = 0$（即 $\theta = b$），$E_t - E_t^*$ 的变化是连续的，否则 $E_t - E_t^*$ 变动在阈值附近具有跳跃性。如果某一时点偏离过大，落在上下两个外部状态内，则接下来将分别向附近阈值 θ 或 $-\theta$ 回复，回复速度为 λ。而在中性带，偏差呈现随机游走特征，汇率与平价并不会呈现出趋同走势。换言之，套利机制仅能保证长期中偏离幅度不会超过 θ，却不保证收敛至零。θ 和收敛速度 λ 由套利的边际成本函数所决定。θ 由常数边际成本参数 b 决定，这部分成本越大，套利就越困难。收敛速度 λ 则由两个参数决定：第一，线性边际成本参数 c 越大收敛速度越慢。因为随着套利流量的增大，边际成本迅速升高，本期的套利流量被限制，而迫使部分套利

① 如果假定国际银市规模远大于国内货币银市，则可以认为国际银价的变动是外生的，那么调整仅通过汇率变动来实现。不过，现实中国际银价本身也可能会发生内生性调整，因为中国是当时世界上的用银大国，白银的输入和输出会影响到世界银价。例如 1927～1930 年，世界共新增纯银供给 10.13 亿盎司，而中国净进口的纯银就高达 4.41 亿盎司（吴大业，1932），占比超过 40%。当然，这几年是中国白银进口最多的时期，其他时期则相对较少。例如，杨格（1981，第 253 页）认为自 1888～1931 年中国共输入白银达 10.37 亿盎司。吴大业（1933）也认为，1909～1926 年间，中国银货的流动是国际银价短期波动的原因之一。

交易推迟到以后期进行。极端的，当 $c = 0$ 时偏离的变化可以无限大，即偏离的调整会瞬时完成。直观上可理解为，此时边际成本为常数，并不会随着交易量的增加而变动，所以一旦两地套利机会存在，无限数量的银将实现跨区输送，使得汇率迅速向平价回复，经验数据中将不会观测到偏离连续落在"中性带"之外的情形——当然这仅是一种理想状态。第二，偏离对银流量的敏感性参数 η。η 值大时少量的银输送就能使得偏离大幅缩小。

4.4　计　量　结　果

汇率与平价偏离的动态模型（4.6）中参数可以用时间序列计量经济学中的门阈误差修正（Threshold Error Correction Mechanism，TECM）模型来估计。为表述简便，定义 $x_t = E_t - E_t^*$，x_t 即是汇率对平价的偏离幅度。式（4.6）可以写为

$$\Delta x_t = \begin{cases} k - \lambda(x_{t-1} + \theta) + \varepsilon_t, & x_{t-1} < -\theta \\ \varepsilon_t, & -\theta \leqslant x_{t-1} \leqslant \theta \\ -k - \lambda(x_{t-1} - \theta) + \varepsilon_t, & x_{t-1} > \theta \end{cases} \qquad (4.7)$$

假定扰动项 ε_t 是白噪声正态过程 $N(0, \sigma^2)$。下文将上述包含三个状态的门阈误差修正模型，简记为 TECM（3）。如果 $\theta = b$，则 $k = 0$，此时收敛是直接趋向阈值 θ 的，因而 x_t 不存在离散性的跳跃。在 $[-\theta, \theta]$ 区间内 x_t 呈随机游走，"误差修正"的力量消失，此时称汇率市场达到均衡。这样，x_t 的均衡值可以是 $[-\theta, \theta]$ 区间内的任何一点而不仅仅是零点。

式（4.7）是受约束的门阈自回归（Threshold Autoregression，TAR）过程（Tong，1983）。经验估计中，还可以放松对该模型中滞后阶数和参数的约束条件，写为一般的 n 阶滞后 TAR 形式：

$$
x_t = \begin{cases}
\alpha^1 + \sum_{i=1}^{n} \beta_i^1 x_{t-i} + \varepsilon_t, & x_{t-1} < -\theta \\
\alpha^2 + \sum_{i=1}^{n} \beta_i^2 x_{t-i} + \varepsilon_t, & -\theta \leqslant x_{t-1} \leqslant \theta \qquad (4.8) \\
\alpha^3 + \sum_{i=1}^{n} \beta_i^3 x_{t-i} + \varepsilon_t, & x_{t-1} > \theta
\end{cases}
$$

式（4.7）可以看作式（4.8）的特例，或者说，对后者施加约束条件便可得到前者。[①] 为简便起见，以下称式（4.7）为约束模型，式（4.8）为一般模型。

4.4.1 约束模型

先使用 1905 年 1 月 ~ 1932 年 12 月度汇率对平价的偏离数据估计约束模型，三状态门阈误差修正模型的估计结果见表 4 - 1。其中"模型 1"施加约束条件 $\theta = b$，而"模型 2"则放松这一约束，自由估计参数 b。采取格点搜索（grid search）法确定阈值 θ，即比较 θ 取不同值时的回归的残差平方和（Sum of Squared Residuals，SSR），残差平方和最小时的 θ 取值便是阈值。设定每个状态所包含的观测量不应少于全样本的 5%，由此确定格点搜索的初始范围为区间 [0.003，0.067]。

表 4 - 1	约束模型 TECM（3）估计结果	
	模型 1	模型 2
λ	0.625（0.058 ***）	0.593（0.084 ***）
θ	0.012	0.016
b		0.009（0.006）
DW	2.143	2.141
R^2	0.256	0.258

---

① 例如，AR（1）过程 $x_t = \alpha + \beta_1 x_{t-1} + \varepsilon_t$ 可改写为误差修正（ECM）形式 $\Delta x_t = -(1 - \beta_1)[x_{t-1} - \alpha/(1-\beta_1)] + \varepsilon_t$。其中，误差修正系数为 $\lambda = 1 - \beta_1$，x_{t-1} 的稳态值为 $\alpha/(1-\beta_1)$。类似的，式（4.8）中当 $n = 1$ 时，TAR 模型便可改写为形如式（4.7）的 TECM 形式。

续表

	模型 1	模型 2
logL	668. 001	668. 374
SSR	0. 3636	0. 3627
处于各状态的观测数（月）		
低（$-\infty$，$-\theta$)	122	97
中 [$-\theta$，θ]	114	157
高（θ，$+\infty$)	100	82

注：小括号中是参数的标准差，*** 表示在 1% 水平上显著。DW 是检验残差序列相关性的 Durbin – Watson 统计量，logL 是对数似然值，SSR 是残差平方和。"中"是指中性带，即偏离处于 θ 和 $-\theta$ 之间的月份，"低"和"高"分别是指偏离 $-\theta$ 和大于 θ 的月份。模型 1 中约束 $\theta = b$，模型 2 是在模型 1 的基础上，放松该约束条件。

图 4 – 1 是格点搜索过程中不同的 θ 取值时模型的残差平方和。θ 取值为 0.012 时模型 1 残差平方和达到最小值（这里仅给出了模型 1 的结果，模型 2 的结果可以类似得出）。这意味着，规元兑美元的市场汇率与铸币平价的偏离超过 0.012（单位：规元）时，会出现银的跨国输送，套利将改变外汇市场上两种货币的供求关系，从而会使得偏离幅度缩小。而在区间 [– 0.012，0.012] 中偏离 x_t 则呈随机游走特征，即没有力量促使汇率向平价收敛。因为即使汇率不等于平价，套利的收益却不能覆盖其成本。样本期内，规元兑美元铸币平价的平均值为 1 美元兑 1.615 规元，由此得到进行跨太平洋白银套利的成本约为铸币平价的 0.76% [=0.012/1.615]。这一估计结果与当时大条银由美国旧金山运往上海的费用相差不远。[①] 例如，据耿爱德（1933，第 12 页）记录，20 世纪 20 年代条银由美国旧金山运往上海的费用明细为：搬运费

---

① 当时墨西哥、加拿大和美国是世界上三个主要产银地，三地银产输出的主要港口为美国的纽约和旧金山。"运往二地（纽约和旧金山）数额之多寡则视当时之主要需银者为中国抑或印度以定之。若主要之银需要者为伦敦及印度或仅为印度一处，则墨西哥及加拿大银产大部分运纽约。反之，若主要买户为中国，则各地银产大部分运旧金山"（耿爱德，1933，第 6 页）。输入中国的银主要始于位于美国西海岸的旧金山港口，跨越太平洋到达上海，故美国条银在中国俗称"金山条"。

0.04%，运费 0.38%，保险费 0.13%，利息 0.36%（运输时间为 22 ~ 28 天，以年息 5 厘计），银商或银行手续费 0.06%。费用合计占所运输的银价值的 0.97%。

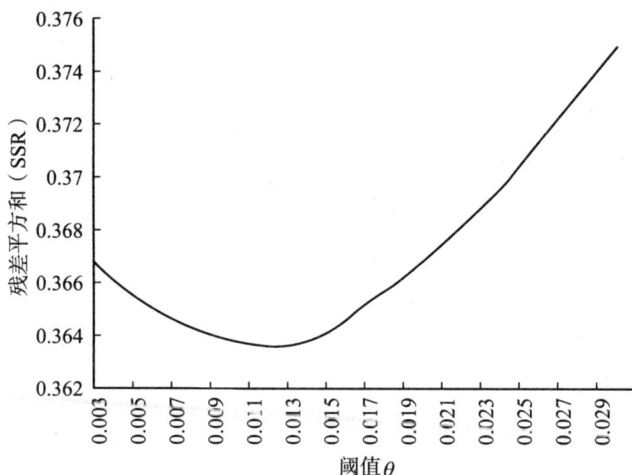

图 4 - 1   不同门阈 θ 取值时模型的残差平方和

这里估计的银输送点高于同时期纽约和伦敦之间的金输送点（跨大西洋进行黄金套利的成本）估计值。例如，根据 Spiller 和 Wood（1988）的计量结果，1899 ~ 1908 年间金由美国运往英国时，金输送点约为平价的 0.23%，而由英国运往美国时，金输送点约为平价的 0.28%。Officer（1996）估计，1900 ~ 1913 年间，英美之间金输送点约占平价的 0.5%，Canjel 等（1997）估计，1900 ~ 1909 年英美金输送点约占平价的 0.41%，而 1910 年之后这一数字进一步减小为 0.15%。尽管跨大西洋金输送点的估计差别较大，不过均小于这里估计的跨太平洋银输送点。这至少是由于以下两个方面的原因：第一，金由于体积小，单位价值的运输费用少于银的运输费用，这点可参看耿爱德（1933，第 1 章），另外跨太平洋的运输距离也更远。第二，当时英美两国均实行金本位制度，铸币平价为常数，跨时进行黄金交易不存在金价波动风险；而中国则实行银本位制，中国规元与美元的铸币平价随国际金银比价的变化而变化。由于上海和纽约的交易时间存在一定相隔，套利者要承担国际银价波动的风险，套利者更高的收益要求一部分可以视作风险溢价。的确，由数据序列上看，样本期内平价波动幅度较大的时段偏离幅度也越大。

收敛系数 λ 的估计值为 0.625——超过阈值的偏离部分会在一个月之内减少 62.5%，或者说半衰期为 21 天。有趣的是，这一调整速度与同时期英美两国之间金点套利下的调整速度估计值非常接近。例如 Canjel（2004）估计，美元与英镑的市场汇率与金平价的偏离（超过金点之外的部分）会在一个交易日之内减少 3.24%，以每月 26 个交易日计算，折合为一个月之内偏离减少 57.5%。这表明清末民初时期，上海与国际金融市场之间的整合程度与欧美间的整合程度相似。当外生冲击导致市场汇率和铸币平价大幅偏离时，二者的收敛速度很快，所以可以认为当时中外之间进行跨国白银套利的效率是很高的。

模型 2 中放松 $\theta = b$ 的约束条件后，λ 的估计值为 0.593，与模型 1 的结果基本相同。θ 新的估计值为 0.016，相比模型 1 的结果有所提高，这一数值更接近耿爱德的记录。b 的估计值小于 θ，为 0.009，应该说明的是这一估计值并不十分精确，因为其标准差较大。放松 $\theta = b$ 约束时模型的对 SSR 相比模型 1 并没有明显减小，数似然值仅略有提高。似然比统计量为 0.746，远小于 $\chi^2(1)$ 5% 显著水平的临界值 3.841，并没有强烈的统计证据拒绝约束条件 $\theta = b$。[①]

336 个月度观测中，阈值之外的"高"和"低"两个状态共占有总观测数据的 2/3——这应该是合乎常理的——只有这些月度里银的跨区输送才有利可图。例如，某时刻中美汇率对平价偏离幅度为 0.05（单位：规元），大于阈值 0.016（以模型 2 的估计结果为例），所以将有套

---

　　① 　假定中间带内 x_t 是随机游走的，检验 $\theta = b$ 相等便等同于检验 x_t 在阈值处的连续性。尽管可以比较 θ 与 b 估计值的差别，或者从似然比统计量和 SSR 变动中得到一些直观认识，然而这并不是正式的统计检验。事实上，据我们了解目前尚缺乏针对这一问题的统计检验程序（Canjel et al.，2004）。

利商从上海采购银运往纽约销售，这使得偏离缩小。若没有外生扰动而仅依赖套利的力量，平均而言阈值之上的偏离部分（0.034）会在一个月之后减小约60%为0.014。然而接下来由于偏差小于阈值，汇率向平价收敛的趋势将中止。这样，套利仅使得汇率对平价的偏差不至于长时间且大幅度偏离阈值，却并不能保证二者相等。剩余约1/3的观测处于中间带，这时由于偏差并不足以弥补套利成本，汇率的波动仅受到外汇市场上供求冲击的影响，而与平价无关。因此，理论上这些处于中间带的月份里汇率变动与平价变动的相关系数为零，尽管国内外的市场并非分割的。换句话说，在关于市场整合程度的经验研究中，如果仅计算样汇率与平价的相关系数，便不能识别出以上不同状态下复杂的动态特征。①

4.4.2　一般模型

为了评估以上结果的稳健性，进一步估计一般的 TAR 模型（4.8）。根据施瓦茨信息准则（BIC）确定模型的滞后阶数为 1（$n = 1$）。模型估计结果见表 4 - 2。θ 的估计值为 0.011，即，阈值 - 0.011 和 0.011 将偏离分割成三个状态，这与表 4 - 1 中约束模型下的结果非常接近。在"低"和"高"两个状态，修正的速度并不对称：两个外部状态调整系数的估计值分别为 0.74 和 0.57。这意味着，规元汇率相对于平价高估时，白银会很快向上海输入；反过来，规元汇率相对于平价低估时，白银向国外输出的速度则相对略缓。不过总体上，两个状态下的修正速度都较高，而且与表 4 - 1 中对称修正速度约束下的估计结果差别也不大。"低"和"高"两个状态下稳态 x 的估计值分别为 - 0.014 和 0.013，绝对值略大于 θ 的估计值，与预期一致。在中性带内稳态 x 的估计值接近于 0，这也与预期一致。不过应该说明的是，此时一阶自相关系数的估计值很小，这与中性带内数据服从随机游走的设想并不一致。

———————————

① 有不少文献通过计算同种商品在不同市场中的价格变化的相关性来评估这些市场之间的整合程度，例如［Baffes（1991），Shiue and Wolfgang，2007］的研究。不过考虑到这里"中间带"内数据的随机特征，一段样本期内相关性不强并不必然意味着市场整合度低。

表 4 - 2　　　　　　　　　　一般模型 TAR 估计结果

观测总量		336	
θ		0.011	
log L		670.109	
DW		2.133	
R^2		0.276	
SSR		0.359	
状态	低 $(-\infty, -\theta)$	中 $(-\theta, \theta]$	高 $(\theta, +\infty)$
观测数	128	107	101
α	-0.0105 (0.0046 **)	-0.0036 (0.0036)	0.0075 (0.0054)
β_1	0.2573 (0.1142 **)	0.1668 (0.5786)	0.4266 (0.1074 **)
稳态 x	-0.0142	-0.0043	0.0132
$\lambda = 1 - \beta_1$	0.7426	0.8331	0.5733

注：稳态 x 的计算根据 $x = \alpha/(1-\beta_1)$，而 $1-\beta_1$ 可视作调整系数 λ 的估计值。其他说明同表 4 - 1。

4.5　银点与银的跨国流动

以上方法完全根据汇率与平价偏离的动态性质来估计白银输送点，几个统计模型得到的结果相差不远。大体上，白银的输送成本估计在总价值的1%附近。不过，仅根据偏离动态本身无法验证这一估计结果是否准确。如果本章估计的白银输送点能够与白银跨国流向互为印证，将有助于检验结果的可信性。遗憾的是，白银进出口数据记录不够详细，样本期内只有完整的年度数据，例如见吴大业（1933）和徐雪筠等（1985，第352页）的研究。

图3-4汇率与平价的偏离率，以及白银的年度净流出量对比。两条曲线有相似的走势，尽管总体上白银是净流入的。[1] 当上海外汇市场

---

① 该图银净出口量数据中，正值表示银净出口，负值表示银净进口。

上规元汇价相对其铸币平价低估时（20 世纪初以及第一次世界大战期间），白银净出口；反过来，当规元汇价高估时，白银净进口。这与白银套利的原则一致。不过，年度数据并不能验证银输送点的效率。这是因为，如果银本位制有效，白银输送和汇率的调整均不用很长时间即可完成（例如上文中估计偏离在一个月内的修正速度约为 60%），年度数据便掩盖了年内月度之间进出口的变动，故银输出入点对于银流动的解释能力不强，未必意味白银套利无效。例如，在一年之中有 11 个月汇率都略高于银输入点，但有 1 个月虽仍高于平价，却大幅低于银输入点，则全年的汇率平均值仍可能在银输入点之下，但事实上，全年银应该是净出口的。这样，表面上看银的流向与银输入点矛盾。这便是使用年度平均数据的弊端。如果汇率调整速度不致在一个月内完成，使用月度数据时该弊端便不会严重。当然更高频率（例如日度）的数据将会非常有用，不过，目前作者仅根据当时的报刊整理出了 1921 年之后的日度汇率数据，此前数据则尚未得到——这也是作者进一步研究的内容。

白银的进出口数据方面，作者仅得到了 1923 年之后上海的月度银货（包括大条银、银两和银元）进出口数据（《经济统计季刊》第 1 卷第 3 期，第 596～597 页；第 2 卷第 4 期，第 1187 页）。汇率与平价的偏离幅度以及白银净流出量的对比见图 4-2。需要说明的是，该图中的这 10 年或许并不能很好地代表整个样本期的白银流动特征，因为这一时期是中国净进口白银最多的时期。1905～1932 年间中国一共净进口白银 7.61 亿海关两，其中 1923～1932 年净进口 5.93 亿海关两，[①] 占比近 80%，样本期内其他年份银进出口量则大体持平。这是因为，第一次世界大战之后，英法减轻银辅币的成色。本来货币用银最多的国家印度在 1920 年以后停止增铸银币，并且在 1925 年改行金本位。1928 年后，原本施行银本位的国家波斯和越南也改行金本位。这样，世界上白

---

① 海关两亦称"关平两"，为海关征收关税时的采用的标准计价单位（虚银两）。1 海关两等于重量为 583.3 格令的纹银［纹银含 93.5374% 纯银（千家驹等，1985 年，第 184 页）］。以纯银含量计，1 海关两与 1.052 规元两相等。

银的货币需求骤减,并且各国政府存银大部分在国际市场出售,而当时世界上仅剩下中国一直施行银本位,所以大量剩银便流入中国(吴大业,1932)。图 4 - 2 显示 1923 ~ 1932 年间的绝大部分月度里中国呈银净进口状态。即使如此,也能大体看出白银流动与汇率平价偏离之间的关系。尽管在 1928 年之后,随着银本位制最后的国际同伴伊朗和越南改行金本位,总体上中国的白银净流入量极大,然而其中的 1930 年 6 月 ~ 1931 年 12 月之间,由于汇率与平价的偏离幅度高于白银输出点,即上海外汇市场上规元低估,白银流入并不明显,甚至还略有净出口。其他月份里也有相似的情形。当偏离接近上阈值时,白银净流入量较小或者净流出;而当偏离接近下阈值时,白银净流入量大幅增加。

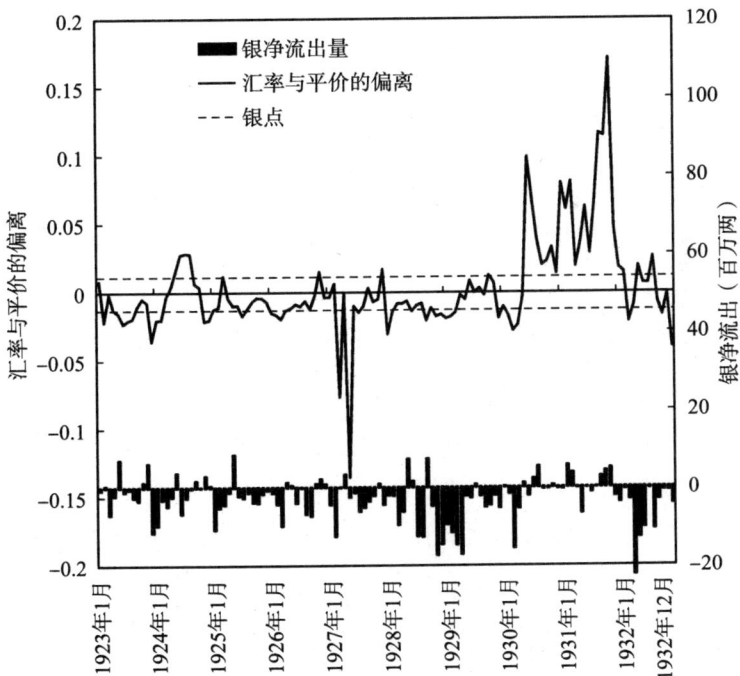

图 4 - 2 汇率以及白银的净流出量(月度,1923. 1 ~ 1932. 12)

注:银净出口量数据中,正值表示银净出口,负值表示银净进口。虚线表示 ± 0. 012——表 4 - 1 约束模型 1 中的阈值估计值。

4.6 稳健性：日度数据的结果

以上所使用的月度数据的优势在于可以获得很长的历史时间序列，但其不足也十分明显，即金融市场的套利和调整速度一般而言是相当快的，而这种低频数据很可能会掩盖外汇市场的高频动态特征。为了弥补这一缺点我们进而搜集了日度数据。不过我们的日度数据也存在不足，即仅能获得较短的样本期。日度的样本期自 1923 年 1 月 1 日~1933 年 3 月 31 日，共 2859 个日度观测。选择这一样本期是因为，1923 年开始我们才得到连续的上海汇率日度记录。1933 年 4 月中国实行"废两改元"改革，规元制度终结。[①] 上海汇率和国际银价数据来自《经济统计》月刊 1923~1933 年各期。

类似的，纽约银价数据为每盎司纯银的实际成交价格，记为 E_t^*。上海汇率以间接标价法表示，即规元 1 两合美元数，以汇率除以 1.08023，得到每盎司纯银在上海汇市的价格，记为 E_t。时期 t 银在上海汇市和纽约银市价格的偏离为：$y_t = E_t - E_t^*$。y_t 见图 4-3，其基本统计特征见表 4-3。图 4-3 中 $y_t = 0$ 表示上海银两的汇率和平价相等（满足一价定律），y_t 正值表示银在上海外汇市场上的价格高于纽约银市上的价格（均以美元计价）。整个 20 世纪 20 年代，汇率整体上看略有高估，不过偏离平价的幅度并不大，很少超过 2%。表 4-3 中我们以 1929 年底为限划分两个子样本，其中前段占样本总长度的 2/3。全样本下，汇率与平价的偏差率的均值为 0.68%。平均而言上海规元汇率高估，不过偏差率的偏度却是负的，正如图 4-3 所显示，后期（大萧条时期）有一些负向偏离幅度较大的观测存在。从子样本的特征可见，上海银两汇率的高估主要出现在 20 世纪 20 年代。上海市场上银价相比

---

① 此后，银本位在中国仍得以暂时维持，直到 1935 年"法币改革"，银本位制被不可兑换的法币制度取代。

纽约市场略高，是维持银进口的必要条件。尽管长期维持银本位制，中国却几乎不产银。中国的货币用银主要来自于美洲。耿爱德（1933，第6页）记载，墨西哥、加拿大和美国是世界上三个主要产银地，若买户为中国，则美洲各地银产大部分运旧金山，再由旧金山运往上海。因此，常态下中国的银价往往高于纽约银市价格。

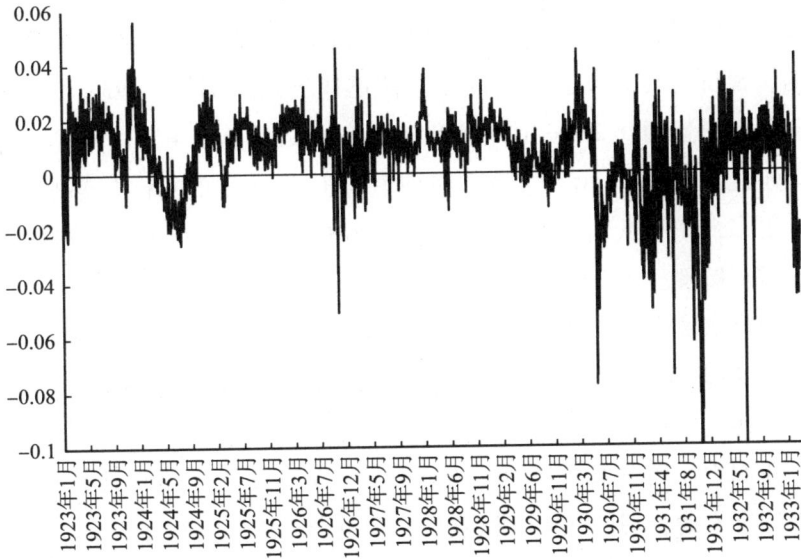

图 4 - 3　汇率与平价的偏离率（日度观测，1923. 1. 1 - 1933. 3. 31）

注：上海汇率以间接标价法表示，原数据位规元 1 两合美元数。以原汇率数据除以1.08023（规元 1 两含纯银盎司数），得到每盎司纯银在上海的汇率。平价为纽约市场的每盎司纯银成交价格。汇率与平价偏离率即二者之差。

资料来源：《经济统计》月刊 1923～1933 年各期。

表 4 - 3　　　　　　　　汇率与平价偏离率的均值和标准差

	全样本	子样本 I	
	1923 年 1 月 ~ 1933 年 3 月	1923 年 1 月 ~ 1929 年 12 月	1930 年 1 月 ~ 1933 年 3 月
均值	0.0068	0.0102	3.34×10^{-4}
标准差	0.0148	0.0103	0.0195
偏度	-1.89	-0.58	-1.56
峰度	11.62	4.54	8.05

大萧条时期上海银价总体上不再高估，汇率均值与平价均值几乎是相同的，不过两市价格偏离率的标准差却相比20世纪20年代增加了一倍。影响汇率与平价偏离率的因素主要有两方面：一是外汇市场上供求关系的影响，而外汇供求关系又由中国的国际收支情况决定。二是国际银价变化时，中国汇率的调整不能完全同步，而是具有滞后性，故国际银价波动大时，汇率与平价的偏离率也增大。大萧条开始后，中国的国际收支和国际银价都变得更加不稳定。由于金本位国的银行危机和通货紧缩，银价与其他大宗商品价格一样迅速下跌。例如，1933年3月纽约银价为每盎司0.27美元，相比1930年初的约0.5美元下跌了将近一半。不过图4-3显示，大萧条时期上海汇市的银价并未持续高估，相反，更多日子是低估的（y_t 为负值）。我们认为，这应通过中国的国际收支进行解释。大萧条时期外部需求骤减，使得中国的贸易逆差急剧扩大。1930~1932年中国的贸易逆差总额为28.14亿规元，而此前3年（1927~1929年）中国的贸易逆差总额仅为13.58亿规元（孔敏，1988，第379页）。

我们先使用全部样本估计约束模型。为尽量缩小格点搜索的范围，首先确定 θ 的合理区间。常识上，套利机会不应一直存在，故应该有比较多的观测落入中间域。我们设定中间域至少包括1/3的观测数目。另外，设定上、下个域所包含的观测量分别不少于全样本的5%。由此确定格点搜索的初始范围为区间 [0.009，0.02]。估计结果见表4-4第一列"模型Ⅰ"。

表4-4 约束模型的估计

	模型Ⅰ	模型Ⅱ	模型Ⅲ
λ	0.5494 (0.0308 ***)		
λ_1		0.5571 (0.0558 ***)	0.4009 (0.0533 ***)

续表

	模型 I	模型 II	模型 III
λ_2		0.5478 (0.0322***)	0.3956 (0.0315***)
θ	0.01343	0.01345	0.01345
k	3.08×10^{-4} (3.81×10^{-4})	3.32×10^{-4} (4.35×10^{-4})	6.05×10^{-4} (4.11×10^{-4})
ϕ_1			-0.3296 (0.0177***)
DW	2.469	2.470	2.107
R^2	0.150	0.151	0.243
logL	9063.72	9063.73	9222.68
SSR	0.0101	0.0101	0.0096
各域观测数（日）			
下 $(-\infty, -\theta)$	236	231	231
中 $[-\theta, \theta]$	1662	1667	1667
上 $[\theta, +\infty)$	960	960	960

注：小括号中是参数的标准差，*** 表示在 1% 水平上显著。DW 是检验残差序列相关性的 Durbin-Watson 统计量，logL 是对数似然值，SSR 是残差平方和。"中"是偏离率处于 θ 和 $-\theta$ 之间的交易日数目，"下"和"上"分别是指偏离率小于 $-\theta$ 和大于 θ 的交易日数目。

图 4-4 是格点搜索过程中所得到的不同 θ 取值时模型的残差平方和。θ 取值为 0.0134 时模型（4.8）残差平方和达到最小值。这意味着，上海规元兑美元的汇率与铸币平价的偏离超过这一数值时，会出现银的跨国流动，套利将改变外汇市场上两种货币的供求关系，从而会使得偏离幅度缩小。而在这一数值之内时偏离率 y_t 呈随机游走特征，没有力量促使汇率向平价收敛，或者说，此时套利的收益却不能覆盖其成本。这一"银点"估计值大体相当于当时大条银由美国运往上海的费用记录。据耿爱德（1933）记载，20 世纪 20 年代大条银由美国旧金山

运往上海的各项费用合计占 0.97% 。① 不过，实际的套利成本高于运输费用是符合常识的。除了各项具体的运输费用之外，套利还会产生两类不易量化的成本，这使得套利者必然要求更高的预期收益。一是风险溢价。银的跨太平洋输送耗时大约 1 月，在银衍生品尚不发达的条件下，套利者面临汇率或银价波动风险，因此要求获得风险溢价；二是价格冲击成本。这是指在套利交易中迅速且大规模地买进（卖出）银，会导致实际成交价格高于（低于）当前市场价格，从而多支付的成本。冲击成本尽管难以量化，对于大额交易却至关重要。我们估计的银点也高于同时期纽约和伦敦之间的金点（跨大西洋进行黄金套利的成本）估计值。如前所述，Officer（1996）估计 1900 ~ 1913 年间英美之间金输送点约占平价的 0.5% 。不同研究者关于跨大西洋金点的估计值差别较大，不过都小于我们估计的跨太平洋银点。

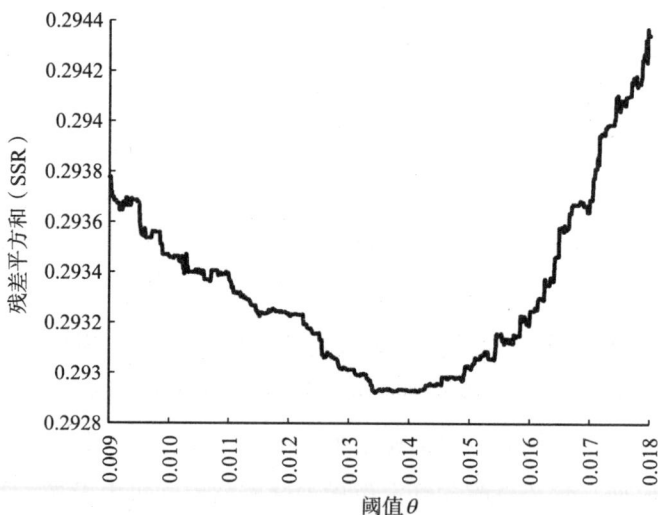

图 4-4　不同 θ 取值时约束模型的残差平方和

① 美洲银产的主要输出港口为美国的纽约和旧金山。输入中国的银主要始于位于美国西海岸的旧金山港口，跨越太平洋到达上海（耿爱德，1933）。这一过程的费用明细为：搬运费 0.04% ，运费 0.38% ，保险费 0.13% ，利息 0.36% （运输时间为 22 ~ 28 天，以年息 5 厘计），银商或银行手续费为 0.06% 。

λ 的估计值为 0.55，这意味着，超过银点的偏离部分会在一个交易日之内减少大约一半，或者说银点之外偏离的半衰期仅为 1 天。当偶发性冲击导致上海汇率和国际银价大幅偏离时，二者的收敛速度很快。我们认为，这种收敛应主要是上海汇率向国际银价的收敛，而不是相反。银在当时是国际市场上一类重要的大宗商品，其价格受多种与中国经济无关的因素所决定。诚然，中国和印度是重要买家，中国对银的需求也会影响到纽约和伦敦的银价，但是还存在中国控制之外的其他决定银供求关系的因素（Shiroyama，2008）。这种快速收敛表明，中国货币的汇率与国际银价紧密联系，上海货币市场与国际银市间白银套利机制使得1920~1930 年的上海金融高度融入国际经济。这与 Ho 等（2013）所得到的"二战"前上海与国际金融市场整合的结论是一致的。

我们设定上、下两个域的收敛系数分别为 λ_1 和 λ_2，估计结果见表 4-4"模型Ⅱ"。λ_1 和 λ_2 的估计值没有显著差异，并且银点的估计值也几乎没有变化，表明"模型Ⅰ"中关于上、下两个域收敛系数相同的原假定是成立的。模型Ⅰ~模型Ⅱ的残差序列可能存在自相关性，因此我们在"模型Ⅱ"右侧加入因变量一阶滞后项（Δy_{t-1}），估计结果见"模型Ⅲ"。上、下两域的收敛速度仍是对称的，与前两个模型相比略有下降，不过仍为高度显著的正值，并且银点估计值也相同。三个模型中，常数项 k 的估计值都几乎为零，统计意义上也与零无显著差异。根据定义 $k=\lambda(\theta-b)$，我们可将 θ 与 b 视作相同的数值。这意味着银的跨国流动可以无限细分，而并不存较高的运量门槛，即 ΔS_t 的下限为 0。2858 个日度观测中，1662 个落在中域，约占总数的 60%。在这些交易日上海汇率与平价可能不同，但偏离率并不足以覆盖套利成本，因此并没有套利行为。这是合乎常理的，有效的银套利机制会使得市场上多数时候并不存在套利机会；这同时意味着上海金融市场与世界经济整合程度较高。其余约 40% 的观测落在可套利域，不过上、下两域的观测数目并不对称。下域的观测数占总数的 1/3，而上域的观测数仅占总数的 8%。即，样本期内银流入上海是比较普遍的现象，而银从上海流出则很少见。这一现象容易理解，因为中国用银主要依赖进口。

还可以进一步估计一般的 TAR 模型。根据施瓦茨信息准则确定模型的滞后阶数（n）为 4，模型估计结果见表 4 - 5。这时估计的银点为 0.018，略高于表 4 - 3 中的估计值。在银点之内，汇率和平价偏离率的均值回复速度很慢，因为此时缺乏套利交易。事实上，中域的 AR（4）过程存在一个十分接近于 1 的特征根，这与银点之内偏离率为随机游走的想法一致。[①] 我们的结果表明，只有在上、下两域内，套利机制才保证偏离率呈收敛趋势，而在中域内，尽管国内外市场并非分割的，汇率变动与平价变动也几乎不相关。这样，在关于市场整合程度的经验研究中，如果仅计算样本汇率与平价的相关系数，便不能识别出以上不同状态下复杂的动态特征。[②] 最后，银点之外上、下两域的稳态 y 值分别为 0.019 和 - 0.023，分别与各自邻近的阈值（0.018 和 - 0.018）接近，这也提供了模型估计有效性的证据。

表 4 - 5   一般模型的估计

观测总数	2855		
θ	0.01796		
log L	9336.83		
DW	2.0138		
R^2	0.6194		
SSR	0.0091		
域	上 $(\theta, +\infty)$ $(i=1)$	中 $(-\theta, \theta)$ $(i=2)$	下 $(-\infty, -\theta)$ $(i=3)$
各域的观测数	515	2172	168

---

① 中域 AR（4）过程所对应的特征方程为：$1 - 0.5193z - 0.1160z^2 - 0.1494z^3 - 0.1197z^4 = 0$，尽管它的四个特征根都落在单位圆之外，不过其中一个根为 1.05。

② 有不少文献通过计算同种商品在不同市场中的价格变化的相关性来评估这些市场之间的整合程度，例如 Baffes（1991）、Shiue 和 Wolfgang（2007）的研究。不过，考虑到中域内偏离率的随机特征，我们认为两市场价格的相关性不强并不必然意味着市场整合度低。

续表

α^i	0.0082 (0.0018 ***)	6.83×10⁻⁴ (2.45×10⁻⁴ ***)	-0.0056 (0.0014 ***)
β_1^i	0.0716 (0.0786)	0.5193 (0.0315 ***)	0.1609 (0.0452 ***)
β_2^i	0.3166 (0.0527 ***)	0.1160 (0.0252 ***)	0.3313 (0.0408 ***)
β_3^i	0.1042 (0.0472 **)	0.1494 (0.0255 ***)	-0.1089 (0.0417 ***)
β_4^i	0.0783 (0.0519)	0.1197 (0.0224 ***)	0.3696 (0.0411 ***)
稳态 y	0.0192	0.0071	-0.0230
$\lambda_i = 1 - \beta_1^i - \beta_2^i$	0.4292 (0.0828 ***)	0.0956 (0.0237 ***)	0.2471 (0.0437 ***)

注：y 稳态值的计算根据 $y=\alpha/(1-\beta_1-\beta_2)$，$1-\beta_1-\beta_2$ 即调整系数 λ。小括号中是参数的标准差，*** 和 ** 分别表示在 1% 和 5% 水平上显著。DW 是检验残差序列相关性的 Durbin - Watson 统计量，logL 是对数似然值，SSR 是残差平方和。"中"是偏离率处于 θ 和 $-\theta$ 之间的交易日数目，"下"和"上"分别是指偏离率小于 $-\theta$ 和大于 θ 的交易日数目。

4.7　本章小结

本章考察了清末民初时期中国银本位制度的效率，并据此推断中美之间金融市场整合的程度。由于欧美国家历史上通行金本位制度，所以金本位制度的有效性一直是当代经济史文献中的一个重要话题，然而迄今研究者对中国历史上长期盛行的银本位制度的运作机制以及"银点套利"的有效性了解甚少。另外，相比商品市场，金融市场上交易成本较低，金融市场整合相对容易，这样研究地区间金融市场的整合程度，也可以为市场的总体整合程度确定一个基准。

由于套利成本，只有当汇率偏离平价的偏离幅度超出某个阈值——银点——时银套利行为才会出现，汇率和平价会出现收敛趋势，而在银点之内汇率和平价的变化可以毫无相关性。因而，简单计算汇率和平价变动的相关系数可能会得出错误的结论。本章采用门阈误差修正模型，估计了汇率与平价之间的动态调整特征。结论认为，超过银点之外汇率与平价偏离的半衰期约为三周，该调整速度与同一时期金点套利原理下英美两国汇率的调整速度估计值非常接近。也就是说，当外生冲击导致上海市场汇率和铸币平价大幅偏离时，接下来汇率与平价的收敛速度很快。如果我们接受当时欧美之间金点套利是有效的，因而金融市场高度整合的观点，那么也可以认为，跨国白银套利机制是有效的，银本位制度下上海与国际金融市场整合程度较高。

经验数据表明，中美之间的银输送点落在 1.5 个百分点左右，尽管月度数据和日度数据的估计结果有所差别，然而大体上与当时文献中记载的白银由美国旧金山运往上海的费用接近。本章估计的银输送点远高于同一时期纽约和伦敦之间的金输送点估计值——尽管现有文献中对于金输送点的估计差别也很大。不过这未必表明上海市场与国际市场之间的整合程度远低于同一时期英美之间市场的整合程度。因为自然属性决定了白银的输送成本会高于黄金，另外，英美两国均实行金本位制度，跨时进行黄金交易不存在金价波动风险；而中国则实行银本位制，中美的铸币平价随国际银价的变化而变化，这种风险如果不能通过白银期货合约完全套期保值，那么银输送点应更高才能满足套利者高的收益要求。最后，当汇率波动超过银点时，白银跨国输送的方向与银点套利理论的预测相一致，尽管作者目前仅得到的部分时段白银流动数据。

需要说明的是，由于"银点"本身不可观测，模型通过汇率与平价偏离幅度的动态调整特征来估计。本章中简化假定银点为常数，这是一个较强的约束条件，而现实"银点"可能呈现出复杂的随机特征。正如不少研究者认为的，从 19 世纪后期至第一次世界大战之前英美之间的"金点"有减小趋势，银点也可能随时间而改变。特别是在本章研究的样本期间，国内经历了重要政治制度的转换，国际格局也风云变幻。不过作为估计"银点"的初步尝试而言，这种简化的假定有助于我们得出定性的结论。将银点的设定动态化可作为进一步研究的方向。

参考文献：

1. Baffes, John, "Some further evidence on the law of one price: The Law of One Price Still Holds," American Journal of Agricultural Economics, 1991, 73, 1264 – 1273.

2. Canjels, Eugene, Gauri Prakash – Canjels, and Alan M. Taylor, "Measuring Market Integration: Foreign Exchange Arbitrage and the Gold Standard, 1879 – 1913," Review of Economics and Statistics, 2004, 86, 868 – 882.

3. Chen Chau – Nan, "Flexible Bimetallic Exchange Rates In China, 1650 – 1850: A Historical Example of Optimum Currency Areas", Journal of Money, Credit and Banking, 1975, 7, 359 – 376.

4. Clark, Truman A., "Violations of the Gold Points, 1890 – 1908", Journal of Political Economy, 1984, 92, 791 – 823.

5. Fetter, F. Whitson, and Herbert M. Bratter, "China and the Flow of Silver," Geographical Review, 1936, 26, 32 – 47.

6. Obstfeld, Maurice, and Alan M. Taylor, "Nonlinear Aspects of Goods Market Arbitrage and Adjustment: Heckscher's Commodity Points Revisited," Journal of the Japanese International Economcis, 1997, 11, 441 – 479.

7. Officer, Laurence H., Between the Dollar – Sterling Gold Points: Exchange Rates, Parity, and Market Behavior, Cambridge: Cambridge University Press, 1996.

8. Shiue, Carol, and Keller Wolfgang, "Markets in China and Europe on the Eve of the Industrial Revolution", American Economic Review, 2007, 97, 1189 – 1216.

9. Spiller Pablo T., and Robert O. Wood, "Arbitrage during the Dollar – Sterling Gold Standard, 1899 – 1908: An Econometric Approach", Journal of Political Economy, 96, 4, 1988, 882 – 892.

10. Tong, Howell, "Threshold Models in Non – Linear Time Series Analysis", Lecture Notes in Statistics No. 21, Springer – Verlag, New York, 1983.

11. 阿瑟・杨格：《一九二七至一九三七年中国财政经济状况》，中国社会科学出版社 1981 年版。

12. 杜恂诚：《上海成为近代金融中心的充要条件》，载于《学术季刊》1995

年第 1 期。

13. 耿爱德（蔡受百译）：《中国货币论》，商务印书馆 1933 年版。

14. 管汉晖：《浮动本位兑换、双重汇率与中国经济：1870～1900》，载于《经济研究》2008 年第 8 期。

15. 贺水金：《论近代中国银本位制下的汇率变动》，载于《社会科学》2006 年第 6 期。

16. 贺水金：《论中国近代金银的国际流动》，载于《中国经济史研究》2002 年第 2 期。

17. 孔敏主编：《南开经济指数资料汇编》，中国社会科学出版社 1988 年版。

18. 林维英：《中国之新货币制度》，商务印书馆 1936 年版。

19. 千家驹、郭彦岗：《中国货币史纲要》，上海人民出版社 1985 年版。

20. 吴大业：《百年来金银比价变动之原因及其影响》，载于《经济统计季刊》第 1 卷第 1 期（1932 年 3 月），第 1～79 页。

21. 吴大业：《金银本位国间金银货流动的原则及中国金银货进出口的解释》，载于《经济统计季刊》第 2 卷第 2 期（1933 年 6 月），第 351～381 页。

22. 吴大业：《一个新的外汇指数》，载于《政治经济学报》第 3 卷第 3 期（1935 年 4 月），第 463～509 页。

23. 徐雪筠等编：《上海近代社会经济发展概况：1882～1931》，上海社会科学出版社 1985 年版。

第 5 章

银点套利与国内货币市场的效率

本章导读

　　第 4 章基于中外"银点套利"讨论了清末民国时期外汇市场的效率，作为类比，本章则讨论同一时期中国国内货币市场的效率。本章估计了近代银本位下津沪的银输送点以及洋厘价格动态，并据此研究中国南北方市场的整合。经验结论表明，1898～1933 年间津沪之间的银点在显著下降。常数阈值模型显示，银点估计值在前一段样本区间（清末）约为 1.1%～1.3%，而后一段样本区间（民国）降低至 0.4%，下降了 2/3。与清末相比，民国时期不仅银点减小了，而且在银点之外，两市价差的收敛速度也加快了约一倍。时变阈值模型的结果也表明，样本期内银点大约以 6% 的年率快速下降。因此，民国银本位制度下，地区间白银套利机制的效率有大幅提高，这意味着中国南北方地区的金融市场整合在加强。

5.1 引　言

　　近代的中国一般给人以市场发育程度较低的小农经济印象。例如，帕金斯（1984）认为，中国的大商业受抑制，跨省远程贸易比例极低。冀朝鼎（1984，第 9 页）也认为，"中国商业发展的水平，从来没有达到能克服农业经济的地方性和狭隘的闭关状态的程度。这些地区性的组织是高度自给自足的，且彼此间又互不依赖。"

不过，后来研究者对中国近代的市场整合和市场效率状况有了重新认识，详细的讨论见本书第 3 章。市场整合程度较高时，同种商品在不同地区间价格的相关性应较强。由于近代粮价的记录比较完整，文献中一般通过两地区间粮价的相关系数或者线性回归系数来度量市场整合程度。例如，王业键（Wang，1989）统计，1738～1789 年间苏州、杭州、广州、汉阳等地米价的相关系数超过 0.6。他认为，近代中国米市的整合程度较高，直到 18 世纪中叶欧洲的市场整合程度才超过中国（Wang，1992，第 53 页）。陈春生（1993）、侯杨方（1996）和陈仁义等（2002）也运用相关系数方法研究中国东南地区的整合程度。近年来，Shiue 等（2007）和颜色等（2012）考虑到中国地区间发展程度的差异，将研究的范围拓宽到中国中部和西部地区。

现有关于近代中国国内市场整合和市场效率的研究文献一般仍存在两方面的不足。第一，一般考虑实物商品（粮食）市场，而忽略了金融市场的整合。这自然是出于数据获取的便利，然而金融市场整合问题并非无足轻重。事实上，大量证据表明资本市场的发育是近代欧美经济增长中的关键因素（Welfens et al.，2011）。并且，一般而言金融资产相比实物商品的交易便捷，因而市场整合的特征容易在金融市场中体现出来。

第二，实证方法上，现有文献一般是考察地区间粮价的相关系数或者线性回归系数，而忽略了交易成本。交易成本虽然难以精确度量，但对于商品或资产交易却有至关重要的影响。[①] 考虑到交易成本后，地区间同种商品（资产）的价格之差应为非线性过程。市场整合的前提在于两地存在价差时，会出现套利从而导致消除价差。然而，由于交易成本存在，只有两地价差超出某个阈值（商品点）时套利才会使得价格

---

① 交易成本概念的外延十分宽泛，除了供给方的边际成本之外，还包括使产品达到需求方所发生的所有成本（Anderson et al.，2004），例如运输成本、税收以及政策壁垒所导致的贸易费用。

出现收敛趋势，而价差落在阈值之内时，尽管两地价格不等却无套利收益，两地价格并不收敛。这样，两地价格相关系数并不是常数，甚至，价差在阈值之内时两地区价格可以不相关。也就是说，交易成本使得两地价差对大的冲击和小的冲击反应模式不同。以往研究使用线性模型实际是忽略了交易成本，从而假定地区间价格总是收敛的（这一问题在第 1 章中已有详细分析）。

基于此，本章推进了这一问题的研究。本章中我们研究了清末民国时期津沪金融市场的整合。上海和天津分别是当时南北方的经济和金融中心。[①] 与商品市场整合类似，同种金融资产在不同市场上的价差可以衡量市场整合程度，有效市场假定下，价差不应持续超出交易成本。因而价差越小意味着交易成本越小、市场整合程度越高。近代中国施行银本位制，银是最重要的金融资产。然而全国货币并不统一，各地存在平（重量）色（成色）各异的银两、银元。一价定律意味着任何市场上货币汇兑比率应等于铸币平价（即纯银含量之比）。不过，现实中地区间价差只有超过某一阈值（银点）时，才会引起银的跨区套利。类比金本位国之间广为人知的"金点（Gold Point）套利"，笔者将这一现象称为"银点套利"。现有文献深入讨论了近代美欧间的金点套利和市场整合问题（详见第 4 章"银点套利与中国外汇市场的效率"），然而，关于中国银本位制下地区之间货币套利的分析却不多见，中国经济史文献中对这一问题的探讨远不如美欧学者对金本位制度效率问题的研究深入。实证方法上，考虑到交易成本和数据的非线性特征，本章仍然通过门阈自回归（TAR）模型——研究津沪之间的银元价格关系。本章将重点讨论了银点的估计，以及偏离银点时，两市价差的动态特征。这为判断当时津沪金融市场的价格发现效率和市场整合提供了经验证据。

本章第 5.2 节简要介绍研究背景、数据特征以及内汇市场的银套利

---

① 尽管晚清民国时期中国北方经济发展总体不及东南，但天津的近代工业也有了长足进步。天津是仅次于上海的中国第二大工业城市，也是北方最大的金融中心。例如 1932 年天津银行业实收资本总额占全国的 12.7%，仅次于上海而居全国第二位（谷书堂，1984，第 392 页）。

机制。第 5.3 节介绍计量经济方法，基于白银套利机制建立了门阈自回归模型。第 5.4 节是计量结果。最后是本章小节。

5.2 洋厘市场

近代中国的货币体系中银两与制钱并用。清政府严禁私铸制钱，对于银两却放任各地私铸。由于没有统一的标准，各地的银两平、色各异，地方银两（即宝银、俗称"银元宝"）仅能在当地流通，到外地须熔铸成当地的宝银。这给国内贸易带来极大的不便，体现出了银两制度的落后和封闭特征。民国时期学者认为，"吾国今日商业不发达，财政不整理之故，其原因虽有种种，而币制不良，实居其一。改良币制，莫要于统一币制"（上海钱庄史料，1960，第 160 页）。

近代大量白银由国外经由贸易渠道流入国内。相比国内缺乏统一标准的银两，外国银元（俗称"洋钱"）形式划一、成色重量准确，因而更受民间欢迎。鸦片战争前，流通的地区已从广东、福建扩及到长江流域，"凡完纳钱粮及商贾交易，无一不用洋钱"（魏建猷，1955，第 100 页）。咸丰之前国内流通中的银元主要是西班牙本洋，1821 年由于墨西哥脱离西班牙而独立，本洋停止铸造，墨西哥铸造的银元（称为"墨洋"，因正面铸有鹰的图案习惯上也称"鹰洋"）很快成为流通中的主币。据宣统二年（1910 年）清政府度支部调查，外国银元在中国总计约有 11 亿元，流通数目当以鹰洋为最多，在 4 亿元左右（张辑颜，1930，第 26 页）。

除了鹰洋之外，清末（1880 年）自广东开始中国诸省也自铸银元，统称"龙洋"。龙洋成色重量基本参照鹰洋，不过实际中却参差不一，导致往往只能在本省流通，远不如鹰洋能够通行全国。龙洋的数量相对较少，"历年造币厂所铸出之一元银币，结至民国七年（1918 年）2 月底共计……旧币（即龙洋——作者注）23539 万元，其中旧币多有销毁改铸者，兹假定为半数尚流通与市面"（中国人民银行上海分行，1960，第 164 页），据此计算，1918 年龙洋存量仅 1 亿有余。

近代中国自己发行且通行全国的银元是民国三年（1914 年）开铸的新国币（即袁世凯像新币，俗称"袁大头"）。民国三年 2 月 8 日颁布的《国币条例》规定"一元国币总重七钱二分，银九铜一。"但当时政府财政困难，且当时北洋旧币流通甚广，于是实际施行中改为按照北洋旧币成色含纯银八九成、铜二一成，即较之国币条例的规定含银量减低百分之一（张公权，1917）。国币成色划一，很快在全国广泛流通。"从前无锡绍兴等处，丝茧用款均用鹰洋，近则均改用新币……自新币发生，推测目下情形，大有取鹰洋而代之势"（张公权，1917）。

除了银元、宝银之类流通中的实银之外，近代还有用作记账单位的虚银两，它们有标准的含银量，可视作实银的价值符号，实际流通时则需兑换成实银。上海"规元"和天津"行化银"是虚银两中影响最大的两类。如彭信威（1965，第 779 页）所述，"规元是上海的记账银两单位，天津的单位叫行化，成色是千分之九九二。汉口的单位是洋例。这种银两单位的采用，本来是因为市面没有一种标准的货币，使商业上的计算很不方便。"

银元银两互相兑换之市价曰"洋厘"（俞希稷，第 127 页）。新币通行之前，洋厘有鹰洋行市和龙洋行市，前者远较后者活跃。新币流通之后，为统一洋厘行市，1915 年 8 月 1 日起上海钱业市场开鹰洋和新币两种行市，龙洋行市被取消。后来新币逐渐在流通中取代鹰洋。[①] 1919 年 7 月 5 日，上海银钱业又取消鹰洋行市，从此上海洋厘行市仅有新币一种，不过流通中仍准鹰洋、龙洋等银元使用。

洋厘习惯上以一个银元兑换多少虚银两计价。洋厘随市场银根的松紧而波动，"洋厘的高低是上海金融市场对于规银和银元供需情形的测验器，银元供不应求时，洋厘价格便上涨。故上海金融市场之宽松，可

[①] 墨西哥于 1905 年改用金本位制，停铸鹰洋。加之"一战"期间国际银价上涨，国内鹰洋被大量融化并出口。"出口和毁两者合计，每年鹰洋减少之数约 700 万元"（张公权，1917），这些因素共同造成了鹰洋势力的衰微。

于洋厘银拆之高低觇之"（杨荫溥，1936，第 559 页）。[1] 洋厘行市在近代中国金融市场中具有重要的地位，"华商金融界每日开出之行市，除标金而外，厥为洋厘、银拆最足引人注意。盖无论中外各商号，必须探知当日厘拆之市价，以为营业上银货计算之准绳"（中国人民银行上海分行，1960，第 554 页）。有数据记载的上海洋厘行市始于 1865 年，直至 1933 年国民政府"废两改元"银两制度被废除。

尽管受供求关系影响，洋厘却不会大幅偏离平价——即银元与银两的纯银含量之比——否则便会产生套利机会。上海洋厘以规元报价，而天津洋厘则是以行化银报价。关于天津行化银与上海规元的纯银含量，不同资料中的说法略有出入，其中吴大业（1935）的计算最为翔实。吴大业认为，上海规元每两含纯银 518.512 金衡英厘，而天津行化银每两含纯银 547.103 金衡英厘，故津沪汇之平价为行化银 1 两等于规元 1.05514 两。据此，可将本来以行化银报价的天津洋厘折算为规元报价，以便统一价格单位进行比较。[2] 记 P_{jt} 和 P_{ht} 分别为 t 期津沪两市的洋厘价格（津市价格已调整为规元报价），x_t 为两市价差：$x_t = P_{jt} - P_{ht}$。若 $x_t = 0$，则一价定律成立，两市的洋厘行市与银平价关系相符。当然，现实中由于金融市场上各类随机冲击，银平价并不能精确成立。图

---

[1] 例如《申报》1916 年 11 月 3 日的评论，"迩来沪上现洋缺乏，惟时值收买棉花之时，用路甚繁，殊觉局促。据闻墨洋装运出口者，每星期必有 10 万余元至多……洋厘均频频增涨"（上海钱庄史料，1960，第 111 页）。

[2] 关于鹰洋的银含量，耿爱德（1929，第 153 页）记述，"实际……总重平均：416.5 英厘，27 格兰（格兰即克——作者注），即 0.8677 盎司；净重平均：374 英厘，24.24 格兰，即 0.7791 盎司"。另据吴大业（1935），"上海规元每两含纯银 518.512 金衡英厘，而纯银每盎司为 480 英厘，故规元每两实等于纯银 1.08023（518.512/480）盎司"，耿爱德（1929，第 73 页）也持同样观点。这样，按照纯银含量计算，鹰洋 1 元等于规元 0.72124（0.7791/1.08023）两。不过考虑到鹰洋中约 10% 的其他金属的价值以及铸造费用，鹰洋兑换规元的价格应略高于这一数字。事实上，1866~1918 年上海洋厘市场上鹰洋的平均价格为 0.7393（中国人民银行上海分行，1960，第 610 页）。1919 年鹰洋行市取消之后，洋厘行市为新币兑银两价格。"新币每元含纯银 0.6408 库平两，折合上海规银 0.71284"（中国人民银行上海分行，1960，第 573 页）。也就是说，新币的银平价比鹰洋大约低 1%。不过，本章研究的关键变量是津沪价格之差，只要津沪两市洋厘种类相同，洋厘纯银含量的微小变动并不影响分析。

5-1 显示，津沪洋厘价差有时可超过 0.02 规元。① 不过总体上，价差在前段样本期较大，而后段明显减小。

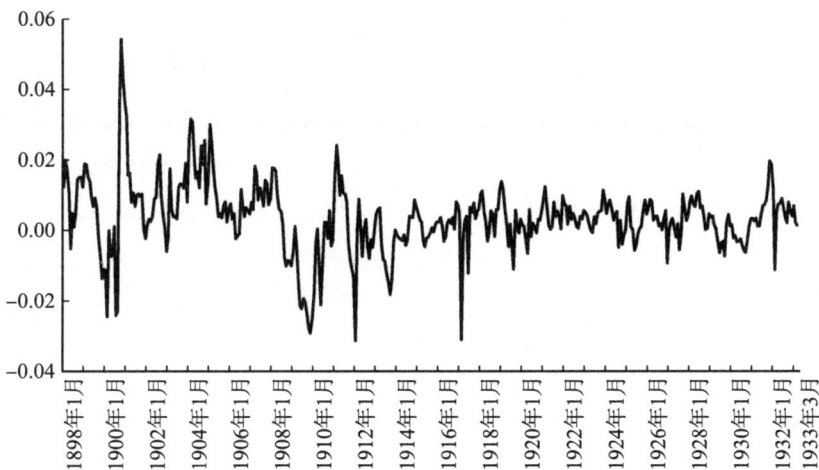

图 5-1 津沪洋厘价差 （月度，1898.01~1933.03）

注：上海和天津洋厘价格来自《南开经济指数资料汇编》（第 475~478 页、第 495~496 页），原表中上海和天津洋厘行市分别按规元两和行化两报价，按照 1 行化两 = 1.05514 规元两将天津洋厘也折算为规元报价。数据详见附表 A5。

当津沪洋厘价差过大时便产生套利机会。例如，假定某时刻上海洋厘行市 0.74 规元，而天津洋厘 0.71 行化两。因洋厘津贵而沪贱，套利者（例如，兼在津沪两市开有分号的钱庄或银行）在沪买入鹰洋而同时在津售出，从而获得边际收益 0.00988 盎司银，收益率 1.24%。不过，若天津洋厘的高价并非偶然现象而是较为持久的系统性高估，则必然是因为天津的银根紧张，银元不足。套利者需将鹰洋由上海运往天津出售。其间便会发生运输、保险、利息等各项费用。只有两市洋厘价格相差足够大，扣掉费用后套利者仍有利可图，银元才会由上海流向天津。套利者的操作流程如表 5-1 所示。这使得上海银元减少而天津银元增加，两市价

---

① 两市存在着有效的白银套利机制时，超过银点之外的价差无法长期维持，但这并不意味着银点之外的观测点不会出现。由于实银在两市间运输需要时间，价差仍可在短期内超过银点。

差趋向收敛。事实上，洋厘价格波动正是市场自发调节银元流动的机制。"当银元需用较繁时，可以提高厘价以吸收各处之银元"（中国人民银行上海分行，1960，第161页）。

表 5 – 1   津沪洋厘套利行为

时间	地点	套利者操作	收入	付出
t	上海	购买 1 个鹰洋	鹰洋 1	规元 0.74 两 （合纯银 0.79937 盎司）
t	天津	出售 1 个鹰洋	行化 0.71 两 （合纯银 0.80920 盎司）	鹰洋 1
t	上海	将 1 个鹰洋运往天津	—	鹰洋 1 + 交易成本
$t+1$	天津	收到 1 个鹰洋	鹰洋 1	—
			边际收益 （总收入 – 总付出）	0.00988 盎司银 – 交易成本

考虑到"银点套利"套利成本，两市洋厘价差过大时尽管会收敛，却并不会收敛至零。价差的调整应该为非线性过程：超过银点之外的价差无法长期维持，必然向银点收敛；而在银点之内，即使价差存在也不会引起套利，此时每个市场上洋厘行市受供求方冲击的影响而随机波动。换言之，存在套利成本时，两市价格会收敛直到满足无套利条件，但这并不意味着两市价格相等，价差只是向交易成本区间——而不是向零——收敛。

现有文献深入讨论了近代美欧间的金点套利和市场整合问题，其核心是汇率能否稳定在金平价附近。尽管民国时期的研究者就曾根据银点套利思想解释中国的白银流动现象。然而，当前对中国银本位制度的研究远不如美欧学者对金本位制度的研究深入，对当时中国银本位制度的效率以及国内金融市场整合程度还缺乏系统的定量分析。

5.3   实证模型设定

内汇市场上，不同地区间白银套利的机制可类比第 3 章分析之外汇市场"银点套利"情形。区别在于，白银在中国被用作货币，在国际市场上却只是用金计价的普通商品。由于国际银价不断变化，作为中美汇率基础的铸币平价——两种货币分别所含银和金的比价——本身不再是恒定值。换言之，中国与金本位国家之间是浮动汇率制。中国内汇市场上，不同地区货币（银两）尽管纯银含量不同，样本期内每种银两的纯银含量却是固定的，因而铸币平价恒定。因而，内汇市场上的"银点套利"更可类比于金本位货币之间的"金点套利"情形。

记 t 期天津市场上的银存量为 S_t，津沪的洋厘价格分别为 $P_{j,t}$ 和 $P_{h,t}$，有如下简化的线性关系：

$$P_{j,t} - P_{h,t} = \psi - \eta \cdot S_t + \varepsilon_t \qquad (5.1)$$

其中，ε_t 是影响洋厘行市的其他扰动，ψ 为常数项。参数 $\eta > 0$，表示津沪之间的洋厘价差会受到当期津市银存量的反向影响：天津银存量增加时，银根宽松，洋厘下跌。一般而言 $P_{j,t} - P_{h,t}$ 会下降。

类比第 4 章中外汇市场的套利情形，可假设津沪之间银输送的成本由输送量决定，将成本写成流量绝对值 $|\Delta S_t|$ 的函数。津沪之间运输 $|\Delta S_t|$ 单位银元的成本为

$$C = b \cdot |\Delta S_t| + \frac{1}{2} c \cdot |\Delta S_t|^2 \qquad (5.2)$$

其中，$b > 0$ 和 $c > 0$。假定固定成本为零，边际成本随着流量而递增。即边际成本初始为 b，并且按照速率 c 递增。[1] 类比模型（4.6）的推导

---

[1] 随着套利量增大，运输和改铸的边际费用会提高。当时地区间输送的银货主要有银元、宝银和条银。其中条银是由英美进口的大块银坯，需要改铸为银元或者宝银才能在国内市场流通。而宝银没有全国统一的标准，各地铸造中各有各的平色，一地宝银仅能在当地行使，运到外地去必须落炉熔铸成当地的宝银方可流通。能够全国通行的主要是鹰洋和样本后期的新国币等规范化的银元。套利者的最优选择自然是输送全国通行的银元，其无须改铸费用。然而若输出量大则套利商暂时不易筹集到足量银元，不得不部分采用条银或宝银形式，除运输成本之外，这些还需要支付改铸费用，改铸费甚至还会高于运输成本。例如民国三年（1914 年）颁布的国币条例第二条规定，新国币含库平纯银 0.648 两（即 23.97795 克）。并在实施细则第四条规定，以生银托政府代铸国币者，以库平纯银 0.654 两折合一元（耿爱德，1929，第 171 页）。这意味着新币的铸造费用为 0.93%。《上海钱庄史料》（中国人民银行上海分行，1960，第 573 页）也记载，改铸新币的费用为 1%。

过程，容易得到，

$$\Delta(P_{j,t}-P_{h,t})=\begin{cases}-\lambda\big[(P_{j,t-1}-P_{h,t-1})-b\big]+v_i, & P_{j,t-1}-P_{h,t-1}>b \\ v_i, & |P_{j,t-1}-P_{h,t-1}|\leqslant b \\ -\lambda\big[(P_{j,t-1}-P_{h,t-1})+b\big]+v_t, & P_{j,t-1}-P_{h,t-1}<-b\end{cases}$$

$$(5.3)$$

系统（5.3）描述了两市洋厘价差的动态调整过程。价差被阈值 b 和 $-b$ 划分成上中下三个域：如果某一时点价差过大——大于 b 或者小于 $-b$，则接下来价差将分别向其附近的阈值 b 或 $-b$ 回复，回复速度为 λ。区间 $[-b, b]$ 则构成了"中性带"，在这一区间，价差的变化是随机的，或者说价差本身呈现随机游走特征，因而两市洋厘并不会呈现收敛趋势。换言之，套利机制能保证两市价格的偏差不会长期超过 b，却不保证二者收敛至零。b 即是津沪之间的银输送点（简称"银点"）。

收敛系数 λ 由两个参数决定：第一，边际成本增量参数 c。c 越大 λ 越小，两市价格收敛速度越慢。因为 c 大时，随着套利量的增大边际成本迅速升高，当期的套利量被限制，而迫使部分套利交易推迟到后期进行。极端地，当 $c=0$ 时 λ 无限大，即价格的调整会瞬时完成。直观上理解，此时边际成本为常数，并不会随着交易量的增加而变动，所以一旦两地套利机会存在，无限量的银将实现跨区输送，使得洋厘迅速向平价回复。第二，价差对银存量变化的敏感性参数 η。η 值大时少量的银输送就能使得两市价差大幅缩小，因而两市价格迅速收敛。

为表述简便，记 $x_t=P_{j,t}-P_{h,t}$，式（5.3）可改写为

$$\Delta x_t=\begin{cases}-\lambda(x_{t-1}-b)+v_t, & x_{t-1}>b \\ v_t, & |x_{t-1}|\leqslant b \\ -\lambda(x_{t-1}+b)+v_t, & x_{t-1}<-b\end{cases}\qquad(5.4)$$

式（5.4）为门阈误差修正（Threshold ECM）模型。这可以改写为标准的一阶门阈自回归（Threshold AR）表达式

$$x_t = \begin{cases} k + \phi x_{t-1} + v_t, & x_{t-1} > b \\ v_t, & |x_{t-1}| \leqslant b \\ -k + \phi x_{t-1} + v_t, & x_{t-1} < -b \end{cases}$$

其中 $k = b\lambda$，$\phi = 1 - \lambda$。一对对称的阈值 b 和 $-b$ 将 x_t 划分为三个域，其中 $[-b, b]$ 构成中间的带状域，所以又称带状门阈自回归模型（Band - TAR）。

以上模型可以通过条件最小二乘法（conditional least squares，CLS）来估计。这是进行两步程序：第一，给定阈值，分别使用 OLS 估计每个域；第二，采取格点搜索（grid search）法确定阈值。这是逐步变换阈值，每改变一次便进行一次第一步回归，记下残差平方和（Sum of Squared Residuals，SSR），使得 SSR 达到最小的阈值便被确定为最终的银点 b。

5.4　计量结果

5.4.1　线性检验

交易成本的存在意味着两市洋厘价差的调整过程应是非线性的，建模之前先对现实数据进行线性检验，以确认是否有采取非线性模型的必要。这种检验并非是冗余的，即使数据本质是非线性的，只要非线性特征不是足够强烈，那么采用线性模型来研究仍然是一种简洁的可行方式，采用非线性模型反而使问题复杂化了。对于本章考察的变量 x_t，线性检验的零假设是价差 x_t 服从线性自回归（AR）形式，备择假设则是非线性形式。

Tsay（1986）的非线性检验方法在经验中被广泛应用，这是估计辅助回归方程：

$$x_t = \theta_0 + \phi_1 x_{t-1} + \cdots + \phi_m x_{t-m}$$
$$+ \delta_{11} x_{t-1}^2 + \delta_{12} x_{t-1} x_{t-2} + \cdots + \delta_{1m} x_{t-1} x_{t-m}$$

$$+ \delta_{22} x_{t-2}^2 + \delta_{23} x_{t-2} x_{t-3} + \cdots + \delta_{2m} x_{t-2} x_{t-m} + \cdots$$
$$+ \delta_{mm} x_{t-m}^2 + e_t \qquad (5.5)$$

如果 x_t 为线性过程，则所有非线性项的系数应为零，线性检验的原假设为：

$$H_0: \delta_{ij} = 0, \quad \forall\, i = 1, \cdots, m; \; j = 1, \cdots, m$$

这可以简便地进行 F 检验，如果在给定的显著水平下不能拒绝 H_0，那么就可以认为数据能够使用线性模型来近似，没有必要选择非线性模型。关于 x_1 进行 Tsay 线性检验的结果见表 5 – 2，其中滞后阶数 p 分别设定为 1 和 2。显然，两种情况下线性模型均被显著拒绝。

表 5 –2　　　　　　　　　津沪洋厘价差的线性检验结果

	$m = 1$	$m = 2$
F 统计量	12. 7558 [0. 0002 ***]	10. 2580 [0. 0000 ****]

图 5 – 1 显示，样本后期两市洋厘价差 x_t 偏离均值的幅度明显减小了，意味着套利机会在减小，或者两市间的银点在下降。图 5 – 2 是 x_t 的

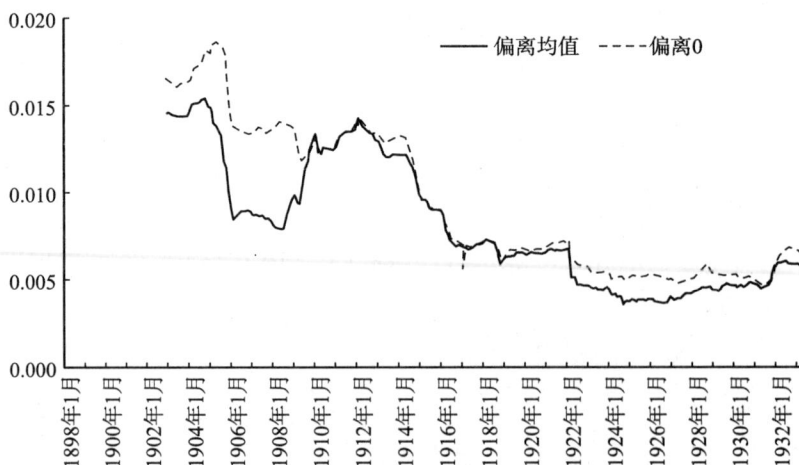

图 5 – 2　津沪价差的 5 年期移动标准差

5 年期 (x_{t-59}, x_{t-58}, …, x_t) 移动标准差，实线是偏离样本均值的标准差，虚线是偏离 0 的标准差。两条线都呈强烈的下降趋势，其中虚线在整个样本期内是逐步下降的，实线在清末波动较大，民国时期也迅速下降。这提供了两市整合程度在随时间提高的初步证据。因此下文估计中我们应注意识别前后期银点的变动。

5.4.2 常数阈值模型

模型（5.4）的估计结果见表 5 - 3。将样本分为前后两段子样本分别估计。第一种分法是以民国与清代政权的更迭（1912 年初）为限划分，其中清末占样本总长度的 40%，民国占样本总长度的 60%。第二种分法是以 1916 年初为限将样本期平均划分。

表 5 - 3　　　　　　　　　　　对称模型估计结果

	分段 I		分段 II	
	清末 (1898.01 ~ 1911.12)	民国 (1912.01 ~ 1933.03)	前段 (1898.01 ~ 1915.12)	后段 (1916.01 ~ 1933.03)
λ	0.2889 (0.0702 ***)	0.6456 (0.0734 ***)	0.3407 (0.0686 ***)	0.6641 (0.0836 ***)
b	0.0084	0.0031	0.0093	0.0028
ρ_1	0.100	− 0.083	0.096	− 0.115
ρ_3	0.010	− 0.013	0.022	− 0.060
ρ_{12}	0.063	− 0.029	0.049	− 0.068
Q_{12}	16.803 [0.157]	17.087 [0.146]	16.199 [0.182]	14.084 [0.295]
R^2	0.093	0.233	0.103	0.235
logL	564.598	978.168	738.300	800.488
SSR	0.01132	0.00695	0.01310	0.00530
处于各 域的观测 数（月） 下（∞， − b）	25	40	28	27

续表

	分段 I		分段 II	
	清末 (1898.01~1911.12)	民国 (1912.01~1933.03)	前段 (1898.01~1915.12)	后段 (1916.01~1933.03)
中 [−b, b]	71	102	121	69
上 (b, +∞)	72	113	67	111

注：小括号中是参数的标准差，***、** 和 * 分别表示在 1%、5% 和 10% 水平上显著。ρ_j 是残差的 j 阶自相关系数，白噪声假定下 $\rho_j \sim N(0, 1/T)$，其中 T 为样本量。Q_j 是残差的 j 阶 Ljung - Box Q 统计量，[] 中是 p 值。logL 是对数似然值，SSR 是残差平方和。"中"是指 x_t 处于 b 和 $-b$ 之间的月份数，"下"和"上"分别是指价差小于 $-b$ 和大于 b 的月份数。

第一种分法下，估计清末子样本时，阈值格点搜索的结果见图 5 – 3。① 使得 SSR 最小化时 b 为 0.0084，这即是银点的估计值。注意到 x_t 是 1 个银元在两市的绝对价差（单位：规元），考虑到银元与规元的平价约为 0.72，0.0084 规元折算为价差与平价的比率为 1.1%。也就是

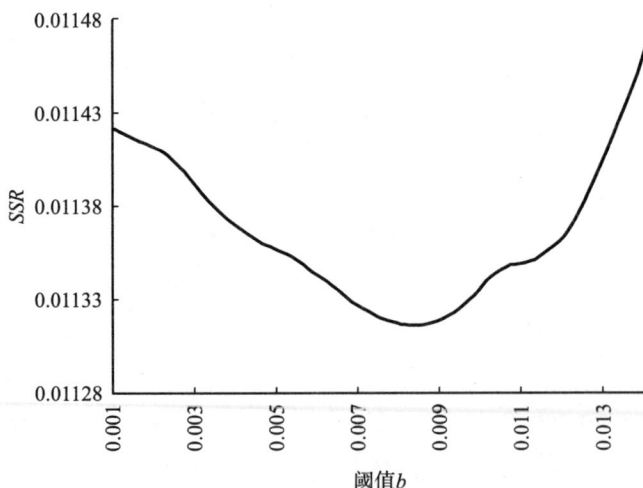

图 5 – 3　阈值 b 与残差平方和（清末）

---

① 设定每个状态所包含的观测量不应少于全样本的 10%，仅考虑 x_t 为正值的观测，确定格点搜索的初始范围为 [0.0011, 0.0170]。

说，两市洋厘价差超过 1.1% 时，会出现银的跨地区套利，导致随后价差收敛。或者理解为，套利的成本为 1.1%。而当两市洋厘相差不足 1.1% 时，x_t 则呈随机游走特征，因为没有套利，也就没有力量促使洋厘向平价收敛。模型的残差检验表明，残差不存在序列相关，这提供了模型设定合理性的证据。

使用民国子样本所确定的阈值 b 为 0.0031（见图 5-4）。此时套利的成本仅为 0.43%，相比清代降幅达 60%。耿爱德（1929，第 53 页）记录了 20 世纪 20 年代大条银由上海运往天津时，运输公司的报价，"大致计算如此：运费 2.5‰，保险费 0.5‰，搬运费 0.05‰，码头捐 0.3‰，利息（时期 5 天利率 7 厘）0.95‰，共计 4.3‰"。这一记录与本章估计出的民国时期的阈值 b 一致。

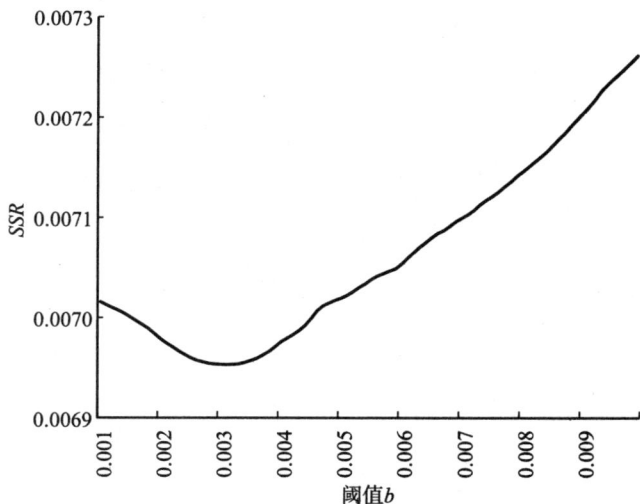

图 5-4　阈值 b 与残差平方和（民国）

表 5-3 下方列出了处于上中下三个域的样本数量。"中域"是指津沪洋厘价差处于 b 和 $-b$ 之间的月份数，"下域"和"上域"分别是指价差小于 $-b$ 和大于 b 的月份数。清末 168 个月度中，有 25 个月度的

价差处于低域；民国 255 个月度观测中，有 40 个月度处于低域；两段
子样本下域的占比均为 15%——这些月度里津市洋厘大幅低于沪市，
在津市买入而在沪市售出银是有利可图的，因而银会流出津市。而两段
子样本上域的占比均为 40% 左右——这些月度里津市洋厘大幅高于沪
市，因而银会流入津市。剩余约 40% 的观测处于中域，这时由于津沪
价差不足以弥补套利成本，每地洋厘行市仅受本地冲击的影响，而与对
方市场无关。因此，尽管两市场并非完全分割的，此时两地洋厘变化却
不相关。这样，如果仅计算两市价格的相关系数，便不能分离出三种状
态下数据复杂的动态特征。

　　显然，落在上域和下域的观测数是不对称的，更多时候是银由上海
流入天津，反向的流动则比较少见。这一结果是与当时的实际情况相符
的。中国本身产银极少，货币用银依赖进口。当时墨西哥、加拿大和美
国是世界上三个主要产银地，银产输出的主要港口为纽约和旧金山。
"运往二地（纽约和旧金山）数额之多寡则视当时之主要需银者为中国
抑或印度以定之。若主要之银需要者为伦敦及印度或仅为印度一处，则
墨西哥及加拿大银产大部分运纽约。反之，若主要买户为中国，则各地
银产大部分运旧金山"（耿爱德，1929，第 6 页）。旧金山的白银输入
中国（故美国条银在中国俗称"金山条"），首先跨越太平洋运达上海，
然后再转运至国内其它城市。[①] "实际当上海各银行之现银存底逾于当
地所需时，或外埠于条银所付之代价逾于当地银炉所定价格时，即行运
出……天津输入条银，大都视津沪间之行市适宜否为准。"（耿爱德，
1929，第 53 页）

　　同样，可将这里估计出的津沪之"银点"与同时期美英之间的"金
点"（跨大西洋进行黄金套利的成本）进行比较。Spiller 和 Wood（1988）
估计，1899～1908 年间金由美国运往英国时，金输送点约为平价的

---

　　① 《上海钱庄史料》（中国人民银行上海分行，1960，第 562 页）记载，第一次世界大
战后至 1931 年，上海进口条银 84.2 万（每条重约 1000 盎司），其中来自美国的占 79%，来
自英国的占 13%。

0.23%，而由英国运往美国时，金输送点约为平价的 0.28%——两国间的输送成本基本是对称的。而 Officer（1996）估计的结果高出一倍：1900～1913 年间，英美之间金点为平价的 0.5%。Canjel 等（1997）则表明，20 世纪初"金点"并非常数，而是在下降：1900～1909 年为平价的 0.41%，而 1910 年之后则减小为 0.15%，这表明英美的市场整合程度在提高。这里估计的民国时期津沪间"银点"与英美间的"金点"大体相似，不过清末的"银点"则要高出很多。

清末子样本估计出的收敛系数 λ 为 0.29，这意味着当超过阈值时，价差会在一个月之内减少 29%，或者说半衰期约为 2 个月。而民国样本估计出的收敛系数 λ 为 0.65，当超过阈值时价差的半衰期仅为 20 天。相比清末，民国时期不仅银点减小了，而且两市价差超出银点时的调整速度也有了大幅提高。

第二种子样本划分方法下的估计结果见表 5-3。银点估计值前期为 0.0093（为平价的 1.3%），后期下降至 0.0028（为平价的 0.39%）；λ 估计值前期为 0.3407，后期则上升至 0.6641。这与第一种分法的结论没有本质变化。总之，样本期内，津沪两市之间的银点有了大幅度的下降，同时价差的收敛速度也明显提高。这意味着样本后期两地间的交易成本大幅度减小，从而市场整合程度提高了。

5.4.3　时变阈值模型

以上结果表明，样本后期的银点估计值有了大幅度的减小。不过需要说明，这种将样本简单切分为两段的做法是不乏武断性的。为了考察结论的稳健性，笔者进一步改变阈值 b 为常数的假定，代之以含义时间趋势的取值 b_t。同时，出于一般性考虑，笔者还放松收敛系数的对称假定，允许不同状态下收敛速度 λ 可能有别：

$$\Delta x_t = \begin{cases} -\lambda_1(x_{t-1}-b_t)+v_t, & x_{t-1}>b_t \\ v_i, & |x_{t-1}|\le b_t \\ -\lambda_2(x_{t-1}+b_t)+v_t, & x_{t-1}<-b_t \end{cases} \quad (5.6)$$

设定阈值 b_t 具有平滑时间趋势：$b_t = \gamma_1 \exp(-\gamma_2^2 t)$，其中 t 是线性时间趋势，为避免 t 赋值过大导致参数估计难以收敛，我设定每期增量为 0.01，即含有 423 个月度观测的样本中 $t = 0$，0.01，0.02，…，4.22。γ_1 是 $t = 0$ 时的阈值，如果 $\gamma_1 > 0$，那么 b_t 随时间而单调下降，下降速度由 γ_2 决定。当 $\gamma_2 = 0$ 时 $b_t = \gamma_1$，即回复到以前的常数阈值模型。

式（5.6）的 CLS 估计结果见表 5-4，其中第一列是约束 $\lambda_1 = \lambda_2$ 时的结果，这即是假定上下两域的收敛速度是对称的，简称"约束模型"。第二列是自由估计 λ_1，λ_2 时的结果，简称"一般模型"。

表 5-4　　　　　　　　　　时间趋势阈值模型的估计结果

	约束模型	一般模型
λ	0.3595 (0.0864 ***)	
λ_1		0.2504 (0.0676 ***)
λ_2		0.6675 (0.1705 ***)
γ_1	0.0119 (0.0055 **)	0.0113 (0.0041 ***)
γ_2	0.7189 (0.2358 ***)	0.6159 (0.1164 ***)
ρ_1	0.015	0.032
ρ_3	−0.002	0.018
ρ_{12}	0.015	0.016
Q_{12}	14.022 [0.299]	16.290 [0.178]
R^2	0.119	0.146
logL	1513.22	1519.92
SSR	0.01898	0.01838
处于各域的观测数		
下 $(-\infty, -b)$	58	58

续表

	约束模型	一般模型
中 [-b, b]	199	203
上（b, +∞)	166	162

注：小括号中是参数的标准差，***、**和*分别表示在 1%、5% 和 10% 水平上显著。ρ_j 是残差的 j 阶自相关系数，白噪声假定下 $\rho_j \sim N(0, 1/T)$，其中 T 为样本量。Q_j 是残差的 j 阶 Ljung – Box Q 统计量，[ ] 中是 p 值。logL 是对数似然值，SSR 是残差平方和。"中"是指 x_t 处于 b 和 $-b$ 之间的月份数，"下"和"上"分别是指价差小于 $-b$ 和大于 b 的月份数。

　　使用全样本估计模型，约束模型调整系数 λ 的估计值为 0.36，落在表 5 - 3 中前后两段样本调整系数之间。一般模型的结果则表明，上下两域中调整系数呈现不对称性：λ_1 明显小于 λ_2。而约束模型中的调整系数相当于 λ_1 和 λ_2 的"折中"。这意味着，津市洋厘行市过高时价差的调整相对缓慢，而过低时价差的调整则要快得多，这与低域观测的数目远小于高域的结论是一致的。如前所述，当时进口银一般先运往上海，再由上海转运至天津等外阜，所以多数时候天津银价也高于上海。

　　表 5 - 4 的两个模型中，γ_1 和 γ_2 的估计值都是高度显著的。分别根据两个模型结果计算出的 b_t 见图 5 - 5，两个模型的结果极为接近。平滑时间趋势表明银点具有强烈的下降趋势，期初的银点分别为 0.0119

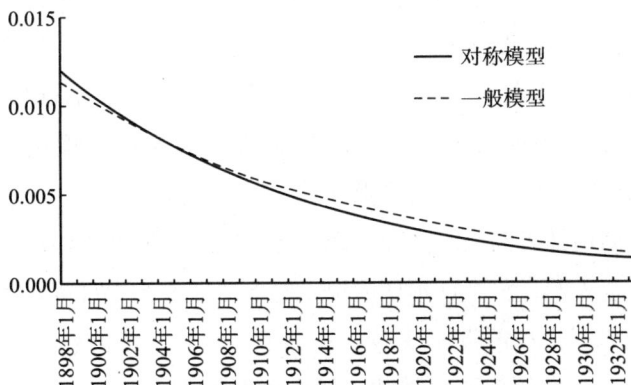

图 5 - 5　平滑时间趋势阈值估计（全样本）

和 0.0113（折合为平价比率约为 1.6%），期末则分别下降至 0.00135 和 0.00172（折合为平价比率分别为 0.19% 和 0.24%）。γ_2 的估计值意味着对称模型中银点的下降速度为每月 0.51%，而一般模型中银点的下降速度为 0.46% 每月。二者基本相同，折合为年率约为 6%。如果银点的确是有时间趋势的，则常数阈值模型估计得到的仅是每个子样本内银点的均值，而忽略了趋势信息。

5.5 本 章 小 结

本章考察了清末民国银本位制度的效率，并据此推断津沪金融市场整合的程度。由于欧美国家历史上通行金本位制度，所以金本位制度的有效性一直是当代经济史文献中的一个重要话题，然而迄今研究者对中国历史上长期盛行的银本位制度的运作机制以及"银点套利"的有效性了解甚少。另外，相比商品市场，金融市场上交易成本较低，这样研究地区间金融市场的整合程度，也可以为市场的总体整合程度确定一个基准。

考虑到交易成本，两地洋厘价差的变动本为非线性过程。因而，简单计算两地洋厘的相关系数可能会得出误导性的结论。本章采用门阈自回归模型识别价差的两类不同域：中间域里价差呈随机游走，而外部域里价差呈均值自反。自然地，阈值被解释为隐含的银点。本章考察的样本期间（1898 年 1 月 ~ 1933 年 3 月），津沪间银点的估计值在快速下降。分段的常数阈值模型显示，样本前期（清末）的银点为 1.1% ~ 1.3%，而样本后期（民国）降低至 0.4%，下降了约 2/3。这里关于民国时期银点的估计可与当时文献记载两地运银的费用互相印证。时变阈值模型的结果也表明，整个样本期内银点的下降速度约为每年 6%。

相比清末，民国时期不仅银点减小了，而且两市价差超出银点时的调整速度也有了大幅提高。因此，民国时期银本位制度下，白银套利机制的效率有大幅提升，这也意味着中国南北金融市场的整合程度在显著提高。

　　银点下降的一个原因是现代交通工具的发展。近代津沪两地的经济联系本来就相对便利。例如，津沪间 1882 年初即有有线电报相通，上海港和天津港分别是当时中国南北货物吞吐量最大的港口。然而水路运输速度缓慢，民国初年（1912 年）津浦铁路（即今日京沪铁路前身）通车，自建成之日起便成为贯通中国南北的大动脉。[①] 毫无疑问，这促进了南北市场的整合。

　　银点下降的另一个重要原因是，进入民国之后，银元在流通中的地位日益重要，并逐步取代宝银。如前所述，鹰洋、国币等银元由于跨区套利时无须熔铸费用，其套利的成本远低于宝银。自 1915 年新国币开铸之后，流通中银元的数量迅速上升。"据财政部所颁布之币制节略，历年（中国）造币厂所铸出之一元银币……至民国七年（1918 年）2 月底止计有通用银元 30263 万元。至民国七年 3 月起至现在（1921 年 5 月——笔者注）止，屈指已阅 3 年……今日通用银元，实已在 48000 万元以上"（中国人民银行上海分行，1960，第 164 页）。另外，上海各大银行钱庄平均库存银量中，银元与银两的价值之比，1918 年 2 月为 0.37，1921 年 5 月则提高至 0.63，以后则进一步迅速上升，1925 年、1928 年、1931 年三年底，这一数字分别为 0.88、1.00、2.29。可见至 1933 年国民政府推行"废两改元"政策之前，现实中银元已经很大程度上取代了传统的银两。

　　本章根据津沪两市价差的非线性特征估计了白银输送点。不足之处在于，尽管不同模型结果的一致性有助于检验银点估计值的稳健性，然而，仅根据价差本身无法验证结果是否准确。如果我们估计的银点能够与银元的跨区流向互为印证，将增加银点的可信度。遗憾的是，笔者尚未从史料中发现津沪间银元流向的系统记录。

----

　　① 津浦铁路沟通了海河、黄河、淮河和长江流域，经过直隶、山东、江苏、安徽四省，是民国最重要的南北交通干线，沿线商埠众多、商业发达，津浦铁路与沪宁、沪杭等线进行客货联运，便利了华北和华东地区的联系（焦明，2012）。

参考文献：

1. Anderson, Jemes E. , and Eric van Wincoop, "Trade Costs", Journal of Economic Literature, 2004, 42, 691 - 751.

2. Canjels, E. , G. P. Canjels and A. M. Taylor, "Measuring Market Integration: Foreign Exchange Arbitrage and the Gold Standard, 1879 - 1913", Review of Economics and Statistics, 2004, 86, 868 - 882.

3. North, D. , "Ocean Freight Rates and Economic Development 1750 - 1913", Journal of Economic History, 1958, 18, 537 - 555.

4. Obstfeld, Maurice, and Alan Taylor, "Nonlinear Aspect s of Goods Market Arbitrage and Adjustment: Heckscher's Commodity Point s Revisited", Journal of the Japanese and International Economies, 1997, 11, 441 - 479.

5. Samuelson, Paul A. , "Spatial price equilibrium and linear programming", American Economic Review, 1952, 42, 283 - 303.

6. Shiue, Carol, and Keller Wolfgang, "Markets in China and Europe on the Eve of the Industrial Revolution", American Economic Review, 2007, 97, 1189 - 1216.

7. Spiller Pablo T. , and Robert O. Wood, "Arbitrage during the Dollar - Sterling Gold Standard, 1899 - 1908: An Econometric Approach", Journal of Political Economy, 1988, 96, 882 - 892.

8. Tsay, Ruey S. , "Nonlinearity tests for time series. " Biometrika, 1986, 73, 461 - 466.

9. Wang Yeh-chien, "Food Supply and Grain Prices in the Yangtze Delta in the Eighteen Century," Proceedings of the Second Conference on Modern Chinese Economic History, 1989.

10. Wang Yeh-chien, "Secular Trends of Rice Prices in the Yangtze Delta, 1638 - 1935," in T. G. Rawski and L. M. Li (eds.), Chinese History in Econonic Perspective, Universtiy of California Press, 1992.

11. Welfens, Paul, and Cillian Ryan, (eds.), Financial Market Integration and Growth, Berlin: Springer - Verlag Press, 2011.

12. 陈春声：《清代中叶岭南区域市场的整合》，载于《中国经济史研究》1993

年第 2 期。

13. 陈仁义、王业键、周昭宏：《十八世纪东南沿海米价市场的整合性分析》，载于《经济论文丛刊》2002 年第 30 辑第 2 期，第 151～173 页。

14. 耿爱德：《中国货币论》，商务印书馆 1929 年版。

15. 谷书堂：《天津经济概况》，天津人民出版社 1984 年版。

16. 侯杨方：《长江中下游地区米谷长途贸易：1612～1937》，载于《中国经济史研究》1996 年第 2 期。

17. 冀朝鼎：《基本经济区与水利事业的发展》，中国社会科学出版社 1981 年版。

18. 焦明：《国权视野下的晚清津浦铁路研究》，苏州大学硕士学位论文，2012 年。

19. 孔敏主编：《南开经济指数资料汇编》，中国社会科学出版社 1988 年版。

20. 陆铭：《中国区域经济发展中的市场整合与工业集聚》，上海人民出版社 2006 年版。

21. 彭凯翔：《清代以来的粮价：历史学的解释与再解释》，上海人民出版社 2006 年版。

22. 彭信威：《中国货币史》，上海人民出版社 1965 年版。

23. 珀金斯·德·希：《中国农业的发展（1368～1968 年）》，上海译文出版社 1984 年版。

24. 魏建猷：《中国近代货币史》，群联出版社 1955 年版。

25. 吴大业：《一个新的外汇指数》，载于《政治经济学报》第 3 卷第 3 期（1935 年 4 月）。

26. 颜色、刘丛：《18 世纪中国南北方市场整合程度的比较》，载于《经济研究》2011 年第 12 期。

27. 杨荫溥：《杨著中国金融论》，黎明书局 1936 年版。

28. 俞希稷：《汇兑论》，商务印书馆 1926 年版。

29. 张公权：《论英洋龙洋之消长与英洋之自然消灭》，载于《银行周报》第 1 卷第 6 号（1917 年 7 月 3 日）和第 8 号（1917 年 7 月 17 日）。

30. 张辑颜：《中国金融论》，商务印书馆 1930 年版。

31. 中国人民银行上海市分行编，《上海钱庄史料》，上海人民出版社 1960 年版。

第 *6* 章

抗日战争前国内粮食市场的整合：
"裁厘改统" 政策效果的研究

本章导读

　　前面几章讨论了民国时期中国金融市场的效率以及金融市场整合状况。本章根据地区间价格关系讨论国内重要的商品——粮食——市场的整合情况。20世纪二三十年代，东部地区粮食市场整合程度有了较大提高，原因可归为1931年国民政府"裁厘改统"政策。经验结果表明，"裁厘改统"之后上海和芜湖两地之间贸易成本相对于以前下降了约40%。这一改革使得原来厘金制度下商品流通环节的苛捐杂税绝大部分被取消。上海和天津面粉市场的经验结果也佐证了这一结论。所以，"裁厘改统"解除了原有厘金制度对商品流通的限制，有利于商品跨区贸易和国内工商业的发展。

6.1 引　言

　　中国历史上税与费一直相生相伴，中央政府以"费改税"为目的的财政改革努力也多次进行。本章选择近代一次重要的税费改革——民国时期的"裁厘改统"作为研究对象，考察中国东部几个地区（上海、芜湖和天津）的粮食价格关系，研究政策实施前后国内粮食市场的整合状况。目的在于探讨这一改革政策对于促进国内商品流通和市场整合方面的作用。

　　商品市场整合度量了一定地理范围内地区间货物贸易的顺畅程度。两地区之间进行贸易，如果输入地的价格等于输出地的价格加上两地间货物的运输成本，则称商品市场是整合的（Martin，1986；Sexton，1991）。市场整合有助于优化地区分工和资源配置效率，而很多因素会导致市场整合程度降低，例如各地区自给自足；或者信息不畅、人为设置贸易壁垒等导致地区间存在很高的套利障碍。虽然甄别限制市场整合的具体原因并不容易，但是通过度量市场整合程度，却可以得到市场竞争程度、价格发现效率和地区间经济一体化方面的重要信息（Buccola，1983）。

　　利用粮食价格数据来研究市场整合程度在我国经济史学界很是常见。这是因为粮食作为传统农业社会中最基本的大宗商品，其价格的记录比较完整，而其他商品价格记录则很零散。直觉上，市场整合程度较高时，地区间粮价应更一致，因此从粮价相关性可以推断市场整合信息。早期的研究如全汉升等（Chuan，1975）通过苏州和上海米价的变化，来考察米市价格发现的效率。后来经济史学界更多借助统计学工具研究市场整合程度，其中两地区间粮价的静态相关系数或者线性回归系数被广泛采用。如王业键（Wang，1989）发现清朝中叶苏州、杭州、广州、汉阳等地的米价变动具有强相关性，从而认为近代中国米市的整合程度较高。王业键（Wang，1992，第 53 页）还应用同类方法得到结论认为，中国市场的整合程度在 17 世纪要高于欧洲，直到 18 世纪中叶才被欧洲反超。利用粮价研究市场整合的文献综述可见吴承明（1996）。卢锋、彭凯翔（2004）通过对民国时期米价的研究发现，沿海地区之间的市场存在相当高程度的整合，而沿海城市与内地城市重庆的整合程度则很低。

　　利用相关系数或线性回归系数研究市场整合虽然被广泛使用，然而该方法的不足之处也逐渐为研究者认识。其不足可以总结为两个方面。第一，除了市场整合之外，其他因素也可能导致粮价呈现较高的相关性。设想两地区贸易成本无穷大，每地区的粮食产量却都受到相同天气因素的影响。这样，尽管两地市场处于分割状态，研究者对两地粮价进行线性回归时，也可能得到较高的相关系数。第二，一般而言粮价序列是不平稳的，这将导致"伪相关"问题（Granger and Newbold，1976）。于是近年研究市场整合的文献更青睐适用于不平稳数据统计方法，常用的是协整模型和基于协整的误差修正模型（Ardeni，1989；Baffes，1991；Shiue and Wolfgang，2007）。[①]

无论相关系数方法还是基于协整的检验方法都忽略了交易成本（Fackler and Goodwin，2001），尽管交易成本本身不可观测，其对于商品贸易却有至关重要的影响。[②] 市场整合的前提在于两地商品存在价差时，会出现跨地区贸易和套利行为。然而，交易成本导致两地价差"中性带"出现。在中性带内，尽管两地价格不同扣除掉交易成本后却无套利机会。换言之，当冲击导致两地价差超出某个数值（阈值）时套利行为才会使得两地价格出现收敛趋势，而价差不足够大的话，两地的价格本身并没有联系。即使市场整合度较高条件下，两地区价格也并不总是相同或者相差常数，甚至，价差在阈值之内时两地区价格变化可以毫无相关性。也就是说，交易成本使得两地价格对大的冲击和小的冲击反应模式不同。不过，市场整合度越高，跨市场套利就越容易，中性带越窄（阈值越小）。反过来，中性带越宽则意味着市场整合度越低。

过去的研究中，使用线性回归方法或者仅计算价格的简单相关性实

---

① 为了避免数据不平稳问题，也有文献使用不同地区间粮价变化率的相关性（或标准差）来研究市场整合程度（Lee，1991）。不过粮价变化率趋同与粮价本身趋同并不是一个概念，使用价格变化率而忽略价格水平值本身的信息可能得出误导性的结论。设想，存在 A、B 和 C 三地，其中 A 是产米区。A、B 两地贸易顺畅，A 地所产大米花费 10% 运输成本可运至 B 地；而 A、C 两地之间存在人为设置关卡，A 地所产大米需花费 10% 运输成本加上 10% 捐税才可运至 C 地。t 时期 A 地每石米成本 1 元。如果三地米均按成本出售，则 B 和 C 米价分别为 1.1 元、1.2 元。$t+1$ 期 A 地每石米成本增至 2 元，类似地可以计算 B 地和 C 地米价分别为 2.2 元、2.4 元。虽然 A、C 之间整合度更弱，我们却发现前后两期 A、B 两地价格变化率完全相同，A、C 两地价格变化率也完全相同。

② 这里交易成本是指将商品从一市场转移到另一市场销售所产生的所有成本，除了跨区的包装和运输成本，还应包括因转移所产生的出发地、目的地和沿途税费，以及资金占用的机会成本（利息）、风险补偿（或保险费）。

际上便忽略了交易成本，即是假定市场整合时不同地区的价格都应是收敛的。本章通过非线性时间序列分析方法分多个不同的状态估计上海、芜湖等地的粮价关系，[①] 在此基础上考察民国"裁厘改统"改革前后粮食市场整合程度的变化，评价这一改革对于国内市场一体化的效应。之所以选择上海和芜湖为样本，是出于以下考虑：它们在当时国内粮食生产或消费市场中占据重要地位，地区间自然运输条件便利；它们之间贸易所必经的长江下游，原为厘金最为泛滥地区（Williams，1912），"裁厘改统"政策如果有效，应在这两地贸易上明显体现出来。更重要的是，它们留下了完整的月度粮价记录。经验结论表明，"裁厘改统"政策实施之后，芜湖和上海两地贸易成本相对于以前下降了 40%，市场整合程度大大增强。

　　本章以下第二节简要介绍厘金制度的背景以及国民政府裁厘改统政策的实施。第三节介绍计量经济方法，基于跨地区套利思想推导了门阈误差修正模型。第四节是芜湖和上海米市整合的经验结果。第五节是天津和上海面粉市场的辅助证据。最后是本章小结。

6.2　背景：厘金与"裁厘改统"政策

6.2.1　厘金

　　厘金本是清朝咸丰三年（1853）开始长江下游地方督抚应对太平天国战争采用的一种临时筹款方法，即劝商捐助战争经费。这是针对商品流通贸易的一种苛捐杂税，由于设立之初对货物值百抽一，故称"厘金"。太平天国被镇压后，地方政府并不愿放弃这种解决财政困难的有效手段，厘金更在全国推广开来。军阀割据时，厘金成为地方政府最重

---

　　①　对交易成本的认识也促使一些研究者采用其他的非线性时间序列方法研究市场整合问题。例如 Spiller 和 Wood（1988）采用内生的状态转换模型；Obstfeld 和 Taylor（1997）和 Canjels 等（2004）采用门阈自回归模型（Tong，1978）。

要的财政来源之一，例如1925年有统计数字的12省中，平均厘金收入占其总预算收入的49%（张连红，1999，第91页）。

厘金的种类繁杂，各省对厘金的征收方式也不一致。对商品流通负面影响最大的是通过地厘金，货物由一地运至另一地销售时，在中途逢卡捐纳，征厘金次数也不确定。厘金按其征税品种，可分为百货厘、盐厘、洋药（即鸦片）厘等多种类别。其中主要是百货厘，"诸凡一切贫富人民从生到死的生活用品，无一不在被征之列"（罗玉东，1936，第64页）。厘金的征收比率，各地并不一致。尽管厘金名称上意味着仅抽取商品价格的1%，然而实际中的征收比率远高于此。根据罗玉东（1936，第62页）统计，清末厘金征收比率最高的是江苏省，超过货物价值20%。仅次于江苏的是浙江、江西、福建三省，其征收比率也高达10%。民国时期的征收比率与清朝末年大致相当（郑备军，2004）。

厘金是针对商品贸易流通征收的一种杂费，而不是一种规范的商税，其产生之初便被冠以"恶政"之名。尽管其解决了政府的短期财政危机，然而对社会经济的负面影响却极为深远。除了助长吏治腐败、增强地方割据的势力之外，厘金制度对经济主要的负面影响体现在严重阻碍商品跨地区贸易，从而阻碍工商业的发展。郑观应评论，"往往数十里之遥，其间多至数卡……过一卡有一卡之费，经一卡抽一卡之厘"（见夏东元，1982，第533页）。厘金关卡几乎所有省份都有，长江下游和两广地区尤甚。例如，上海至苏州水路不过百公里，却有五处厘金关卡，大运河杭州至无锡段则平均每16公里一卡（Williams，1912）。

有的商品沿途所抽厘金数甚至超出本身价值几倍。例如，据江汉关税务司光绪十三年（1887年）的调查，汉口地区商人贩运茶叶时，"纵其茶不用价买来，（每箱售价）尚差二三两（银）方足弥补厘金缴用之数"（黄文模，2000）；机器缫丝每箱成本约500两银，外贸出口可卖到800两，本可获利，然而一箱丝从产地四川运出一路课税，至沿海成本将增至1100两（朱伯康等，2005，第519页）；广东三水、佛山等地原为商品经济发达的地区，然而，"自三水设厘卡，而水面为墟埃。佛山一阜……自厘金一设，而百行亏折矣"（郑备军，2004）。郑观应总结了厘金的十大弊病，将抑制商品流通列为首位，"土产之物，逢卡纳税，运之远方甚有税款，视成本反巨者，土物不能远流"（陆景琪，1957）。

厘金制度严重妨碍了民族工商业的正常发展。当时著名实业家张謇认为，"吾国厘务之害商……其始以原料入厂而厘之，其继以粗制成第二种原料而又厘之。工业发达，则分工愈多……是一物应完多次之厘，每次皆以通过之远近而遵加也。是何怪工业愈劝而不兴"（陆景琪，1957）。

6.2.2 "裁厘改统"政策

从创设初期厘金制度弊端就显露无遗。然而因为没有新的稳定税源，晚清中央政府并无力裁撤厘金。清朝之后厘金制度为北洋政府所沿袭。厘金收入与田赋、盐税等一起成为民国财政收入的主要来源（贾士毅，1934，第 426 页）。当时地方军阀割据势力壮大，裁厘并不容易在地方推行。

南京国民政府成立之后，于 1927 年、1928 年和 1930 年三次下达裁厘政令。前两次裁厘由于政策不当、地方阻挠而失败。1930 年 12 月 15日国民政府第三次发出的裁厘通电宣布从 1931 年 1 月 1 日起全面裁撤厘金。第三次裁厘通电称："对于全国厘金及由厘金变名之统税、统捐、专税、货物税、铁路货捐、邮包税、落地税及正杂各捐税中之含有厘金性质者，又海关之五十里外常关税及其他内地税，陆路边境所征国境进口税除外，子口税、复进口税等，均应于本年十二月三十一日止，一律永远废止"（杜询诚，1991）。厘金裁撤之后，改办"统税"，所以这次改革被简称作"裁厘改统"或"裁厘改税"。统税是指商品一物一税，实行"就厂征税，一税之后，便可销行全国"的征税原则，流通销售不再征收其他捐税（孙翔刚等，1987，第 396 页）。这次改革废除了存在了近八十年的厘金制度。"在政府控制的地方，厘金几近完全废除"（杨格，1981，第 71 页）。

这次裁厘的背景是中央政治权力得以加强。当时国民政府政治上完成了统一，地方势力已无力阻挠中央裁厘政令。另外，这次裁厘解决了地方政府在裁厘后的收入补偿问题。① 作为中国近代史上一次十分重要的税费改革，"裁厘改统"一直受到研究者的关注，其效果也有不同的评价。从出发点上讲，该政策是为了促进商品的国内流通。不少研究者认为达到了预期目的（杨格，1981）。然而也有持否定态度者，认为政策实施后原有苛捐杂税仍然存在，反而新增了统税。例如，汕头"到处设有税捐局所，剪径裁查，三至四，骚扰不已，予取予求"（李雪纯，1935）。也有时评说，政策实施后"一切类似厘金之繁征细敛，类多存在……一般民众对裁厘之观感，多觉旧率仍在，新规又来，宿疾未瘳，转增新痛"（天津《大公报》1931 年 3 月 30 日）。有观点认为，这次裁厘不过是中央与地方为争夺财政权的斗争，反而阻碍了工商业的发展（袁成毅，1989；曹必宏，1992）。

现有的文献更多的是对"裁厘改统"这一历史事件的描述性说明，一般重个案分析而轻理论论证，少见有从经济学理论和经济史学角度的考察。如果能够把这一研究同近代经济史结合起来，在研究角度和研究方法上创新，将会推动这一课题深入进展。

6.3 跨地区套利模型

类比前文白银套利情形，考虑芜湖与上海两地区之间的粮食套利问题。记 t 期芜湖市场上米的存量为 Q_t，当地市场米的价格 P_t 是米存量的线性函数，

$$P_t = k - \eta Q_t + \varepsilon_t \tag{6.1}$$

其中参数 $\eta > 0$，ε_t 是 t 期对需求曲线的外生随机冲击。该方程假定是米

---

① 统税最初仅适用于卷烟。1926 年 12 月，武汉国民政府将名目繁多的卷烟捐税划一，一律抽税 12.5%，在湖南、湖北、江西三省试行。国民政府于 1931 年 1 月又开办了棉纱、火柴、水泥统税，后将面粉也纳入统税。除东北四省及少数边疆地区外，其余地区全部实行了统税。统税收入成为继关税、盐税之后中央财税的重要来源。

价随着市场存量的增加而下降。上海米市具有相似的需求曲线, 记上海
的米价为 P_t^*。由于这里关注的是跨地区套利, 这里简化地假定当地米
的新增生产与消费是稳定的, 当地市场的米存量仅受贸易流量的影响:
从外地净输入米时, 当地市场米存量增加; 向外地净输出米时, 当地市
场米存量减小。

若上海米价高于芜湖米价的幅度超过套利成本 (即交易成本), 则
贸易商将芜湖米运送上海市场出售便有利可图。套利结果使得上海米存
量增加而芜湖米存量减少, 上海米价下跌而芜湖米价上涨, 直至无套利
机会为止。反过来, 若上海批发市场米价过低而芜湖米价过高, 则套利
商人将上海米运送至芜湖市场出售, 便有利可图。这将导致上海米价上
涨而芜湖米价下跌, 同样直至套利不可行为止。设米跨区套利的成本是
贸易流量的函数, 类比方程 (4.2), 我们容易得出米价的误差修正机
制 (ECM),

$$\Delta(P_t - P_t^*) = \begin{cases} k - \lambda\left[(P_{t-1} - P_{t-1}^*) + b\right] + \varepsilon_t, & P_{t-1} - P_{t-1}^* < -\theta \\ \varepsilon_t, & |P_{t-1} - P_{t-1}^*| \leqslant \theta \\ -k - \lambda\left[(P_{t-1} - P_{t-1}^*) - b\right] + \varepsilon_t, & P_{t-1} - P_{t-1}^* > \theta \end{cases}$$

$$(6.2)$$

该模型描述了本地米价的变动如何受两地米价之差决定。米价的动态可以
由包含三个状态的门阈误差修正模型——写为 TECM (3)——来刻画。
$P_{t-1} - P_{t-1}^*$ 是上期两地米价的偏差, 以 θ 和 $-\theta$ 为阈值划分成上、中、下
三个状态。如果价差落在上、下两个状态, 则下一期将分别向上、下阈值
回复, 回复速度为 λ。而在中性带, 每地米价之差呈现随机游走特征——
尽管两地米价未必相等, 却不会呈现出趋同走势。换言之, 套利机制仅能
保证长期两地米价之差不会超过 θ, 却不保证收敛至零。

6.4 芜湖与上海米市的经验结果

我们考察芜湖和上海米市的整合状况。民国时期这两地在华东大米

贸易中占有重要地位。"上海为国内米粮最大消费市场和最大集散市场，洋米内销长江流域各省以内地米粮输出沿海各省或外，多经此转达，故上海不啻为国内米市之米市。芜湖为长江流域最重要的米粮集散市场，每年输出米粮，供上海只需要及经此而转运于沿海缺米省份者，为数实属不少，故上海米价之变动对于芜湖市价有无影响，实有注意之必要"（林熙春，1935）。

除了各自在米粮贸易中占有重要地位之外，芜湖和上海之间低成本的水路交通十分便捷。陆路交通条件的变化不会成为影响两地贸易的主要因素，这为我们分析"裁厘改统"前后两地贸易状况的改变提供了方便。林熙春（1935）整理了1924年3月~1934年12月期间芜湖的月度籼米价格，并记载了同一时期根据上海市政府社会局统计的上海月度籼米价格。①

6.4.1 常数阈值模型

先使用全样本（1924年3月~1934年12月）数据估计方程系统（6.2）。采取格点搜索（grid search）法确定最优的阈值 θ，使得方程回归的残差平方和最小。当时使用帆船沿长江由芜湖运米至上海，每石米运费约需0.55元（林熙春，1935）。进行套利贸易时两地米价之差至少应大于该数值，因为除运费之外尚有其他费用（详见下文），所以限制格点搜索值不小于0.55。另外，约束每个状态所覆盖的观测量不少于全样本的5%。三状态门阈误差修正模型的估计结果见表6-1。

————————

① 上海籼米价格数据1932年1月~1932年4月缺失，作者假定这一时期籼米价格与当地粳米价格变化率相同予以补齐。粳米价格来自《上海解放前后物价资料汇编》（中国科学院上海经济研究所等编，1959，第120~121页）。芜湖籼米价格数据1927年1月~1927年10月和1931年8月~1931年12月缺失。前者因为革命军北伐战争，后者是因为1931年夏的水灾使得芜湖米市暂时歇业。我们通过TRAMO程序插值补齐。样本期内多数月份每石上海籼米价格高于芜湖，这是因为米质和度量衡关系。上海使用的海斛石略大于芜湖的汕斛石，另外上海籼米多数产于江南，米质比芜湖籼米优良（林熙春，1935）。这里，我们令两地米价样本均值相等以剔除米质和度量衡差别的影响。

表 6 – 1　　　　　　　　常数阈值假定下 TECM（3）估计结果

	全部样本 （1924. 03 ~ 1934. 12）		"裁厘改统"之前 （1924. 03 ~ 1930. 12）		"裁厘改统"之后 （1931. 01 ~ 1934. 12）	
	无约束	约束（$\theta = b$）	无约束	约束（$\theta = b$）	无约束	约束（$\theta = b$）
θ	1. 764	1. 756	1. 930	1. 844	1. 112	1. 112
b	1. 497 （0. 358 ***）	—	1. 844 （0. 331 ***）	—	1. 145 （0. 350 ***）	—
λ	0. 577 （0. 145 ***）	0. 652 （0. 113 ***）	0. 684 （0. 182 ***）	0. 684 （0. 142 ***）	0. 756 （0. 200 ***）	0. 744 （0. 146 ***）
DW	1. 794	1. 826	2. 006	2. 006	1. 510	1. 509
R^2	0. 210	0. 205	0. 224	0. 224	0. 350	0. 351
logL	– 155. 118	– 155. 475	– 101. 124	– 101. 125	– 47. 663	– 47. 667
SSR	83. 669	84. 117	57. 598	57. 598	20. 476	20. 480
处于各状态的观测数						
高	17	18	13	15	4	4
中	96	95	60	58	36	36
低	16	16	8	8	8	8

注：小括号中是参数的标准差，*** 表示在 1% 水平上显著。DW 是检验残差序列相关性的 Durbin – Watson 统计量，logL 是对数似然值，SSR 是残差平方和。处于高、中、低三个状态的观测数分别是指大于 θ，处于 θ 和 $-\theta$ 之间，以及小于 $-\theta$ 的月度观测数。

图 6 – 1 是格点搜索过程中不同 θ 值下方程的残差平方和。θ 取值 1. 764 时，残差平方和达到最小值（是否约束 $\theta = b$，图形基本没有变化，这里仅给出了约束条件下的结果）。此时常数边际成本 b 估计值为 1. 497，相应的标准差为 0. 358。b 估计值略小于 θ，不过 θ 落在了 b 的一个标准差范围内，也就是说 θ 和 b 统计上并没有显著差异。收敛系数 λ 的估计值为 0. 577。约束 $\theta = b$，重新估计 TAR 模型，结果见表 6 – 1 第二列。这与前一列的结果相比没有明显的改变。θ 新的估计值为 1. 756，几乎没有变动，与 $\theta = b$ 的理论预期结果一致；λ 新的估计值为 0. 652，相比无约束条件下的结果略有提高。约束条件下模型的对数似然值相比无约束时仅略有降低，似然比统计量为 0. 714，远小于 $\chi^2(1)$ 5% 显著水平的临界值 3. 841。因此，可以接受 $\theta = b$ 是一个合理的约束。

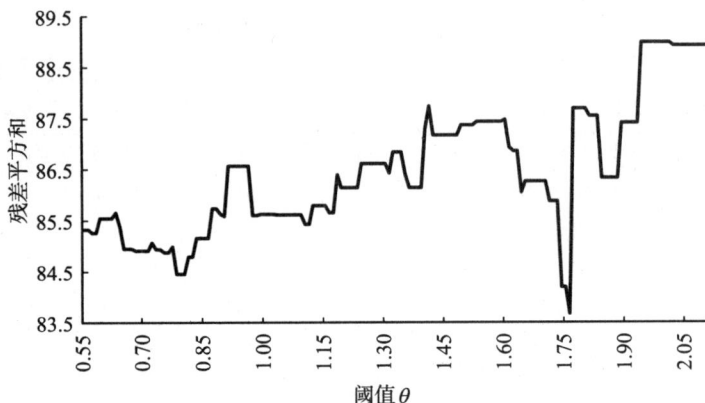

图 6 - 1 阈值与方程的残差平方和（SSR）

129 个月度观测中，阈值之外的两个状态共有约 1/4 的观测——这些月度里米的跨区输送才是有利可图的。例如，某时刻上海和芜湖米价分别为每石 13 元和 10 元，米价之差大于阈值，所以将有套利商从芜湖采购大米运往上海销售，这种套利行为会使得两地价差缩小，平均而言，若不考虑新发生的供求冲击，仅套利的力量将使得原来超过阈值以上的价差在一个月内减小约 60%。当价差缩减至阈值附近之后，套利便无利可图，两地米价的收敛趋势将停止。这样，套利使得两地米价差别不至于长时间内超过临界值，但并不能保证两地米价相等。剩余 3/4 的观测处于中间带，由于两地米价之差不足以弥补套利成本，每地价格变动仅受到本地需求冲击的影响，而与对方市场无关。因此，理论上这些月份里两地米价变动的相关系数为 0，尽管两市场并非完全分割的。换言之，如果仅计算粮价的相关系数或者使用线性协整方法，便不能分离出不同状态下复杂的动态特征，甚至会得到完全错误的结论。如果套利的效率足够高，两地粮价之差总被限定在阈值之内，则统计上会得到两地粮价的相关系数为零，在小样本下也会认为两地粮价不协整，而此时两市场却是高度整合的。

再以"裁厘改统"政策的实施为分界点，将样本分为前后两个子样本分别估计门阈误差修正模型，结果见表 6 - 1 后两列。同样，是否

施加约束条件 $\theta = b$ 对估计结果没有明显影响。相比无约束时，约束条件下的残差平方和几乎没有增加，对数似然值也几乎没有下降。以约束条件下的数字结果为例。前后两段子样本的参数估计结果相比较，套利的阈值 θ 发生了明显的变化，前段为 1.844，后段为 1.112，后段相比前段降低了 40%。

使用"裁厘改统"之后样本估计的阈值与林熙春（1935）记载的实际贸易费用可以互相印证。林熙春详细考证了当时芜湖米输往外地区的相关费用，米粮离芜前后买方需要承担的费用包括，"米粮装包所用之麻袋（每包可装米一石一斗八升），每个四角三分。扎包口所用麻皮，每包六厘。搬运米包上下栈房及码头，每包津贴抗包工人费一分二厘。存栈应给栈租一分五厘，栈房保险费七厘。运出米粮之保险费，每包约需二分。买方给号家之手续费（叼佣），每包五分……号家'个客佣'三分。米号同人照料费，照例按货价计算给予千分之三。米号于米粮购办足额后，即需依买方指定地点运出交卸。"最后是雇船的运费，帆船运价每石五角五分左右。以上各项加总，贸易商从芜湖采购米运至上海，每石米共耗费成本 1.06 元。需要说明的是，这一数字可能会高于实际运输费用，因为装包所用麻袋可重复使用。例如，如果不失武断地假定麻袋可重复使用 4 次，则每石米从芜湖运至上海的成本将降至约 0.84 元。该数字小于仅使用后段样本估计的阈值 1.112。二者之差可理解为套利资金的时间成本、风险补偿，以及贸易障碍导致的成本。[①]

"裁厘改统"之后的阈值远低于"裁厘改统"之前的阈值估计结果。低出部分（约 0.7 元）便可以理解为厘金制度所导致的跨地区交易费用增加部分。有必要说明，运输费用也可能随时间而变，有以下两种可能会使得样本后期的运输费用减小。第一，交通运输条件改善。不过并没有证据表明 1931 年前后芜湖和上海交通条件发生显著变化。两地

---

① 这种跨地区套利存在一定风险，因为两地米粮的买卖存在时间差，并且缺少衍生品进行套期保值。

主要依托长江水运，1931 年之后运米的交通工具仍以帆船为主（林熙春，1935），相比之前并没有工具方面的革新。第二，物价水平出现普遍下跌。不过样本期内绝大部分时间中国物价平稳，并没有通货紧缩迹象。[①] 所以，笔者认为"裁厘改统"后阈值降低并非来源于运输费用的减小，而是来源于苛捐杂税的减小。运输费用之外的交易费用可以分解为两部分：一部分是各地开立厘金卡，直接征收的有形过境厘金；另一部分则是因为关卡所导致的货物运输时滞和效率降低。林熙春（1935）的记载反映了这两方面的费用，"皖省在米厘局未撤以前，所有剩余米粮，大致皆聚集芜湖，然后始运出口，自厘捐局裁撤以来，米市涣散，米商视各地米价之高低而趋，芜市价高，则集芜而出售，否则直趋下游各埠，不受任何限制"。即是说，厘金局不仅抬高了交易费用，还限制了贸易商任意行销的自由。

以上结果意味着"裁厘改统"政策的施行，使得两地区间贸易费用大幅度减小。笔者使用表 6.1 中的残差平方和进行 Chow 检验，判断"裁厘改统"政策实施时间（1931 年 1 月）是否形成方程的结构断点。在无约束和约束条件下 F 统计量分别为 4.477 和 4.832，均远大于 95% 置信水平下的临界值。可以认为"裁厘改统"政策形成了结构断点，政策实施前后方程参数估计值出现显著差异。

6.4.2 时变阈值模型

以上得到"裁厘改统"之后的阈值大幅度减小，还需要进一步的证据来确认造成这一结果的原因是不是"裁厘改统"政策。如果样本

① 1930～1933 年，随着世界范围内的大萧条，处于金本位制下的主要资本主义国家经历了严重的通货紧缩。例如美国 1933 年的批发物价指数相对于萧条前 1929 年跌幅超过 30%。而中国由于独特的银本位制避免了这一时期的通货紧缩。1933 年上海的批发物价指数相对于 1929 年仅微跌 0.6%（中国科学院上海经济研究所编：《上海解放前后物价资料汇编》，上海人民出版社 1959 年版，第 91 页）。1934 年 6 月之后，由于美国政府高价收购白银，世界银价大幅度上涨，大量白银出口使得中国开始出现通货紧缩。不过，通货紧缩仅占样本末尾很短一段时间，不致影响总体统计结论。

期内市场一体化程度本来随时间而逐步增强，或者其他方面的原因——例如样本后期国内军阀割据消除，政治局势较为稳定——这些与"裁厘改统"政策并无关系，却也可能导致第二个子样本期阈值减小。

　　接下来考察交叠样本下的估计结果。以每 5 年（60 个月度）为段划分子样本，前后子样本交叠期为 4 年，更新样本 1 年。具体地，1924 ~ 1928 年为第一个子样本，1925 ~ 1929 年为第二个子样本，等等。这样共划分为 7 个子样本，据此考察阈值随时间的变动情况。阈值的估计结果见表 6 - 2。由于是否约束 $\theta = b$，对阈值的估计影响不大，这里仅列出了约束条件下的 θ 估计值。前三个子样本分别仅含有"裁厘改统"（1931 年 1 月开始执行）之前的数据，它们阈值的估计结果相同，均为 1.935，接近于表 6 - 1 使用"裁厘改统"前所有观测（1924 年 3 月 ~ 1930 年 12 月）的估计结果。然而，一旦样本内包含"裁厘改统"之后的数据时，估计的阈值便大幅度下降。第 4 个子样本中有 1 年（占 20% 观测）位于"裁厘改统"之后，其阈值下降至 1.834。第 5 个子样本中有 2 年位于"裁厘改统"之后，阈值进一步下降至 1.664。第 6 和第 7 个子样本由于主要处在"裁厘改统"之后，门阈值为 1.095，与表 6 - 1 仅使用"裁厘改统"后数据（1931 年 1 月 ~ 1934 年 12 月）的估计结果接近。

表 6 - 2　　　　使用交叠子样本估计的 TECM（3）阈值（约束 $\theta = b$）

子样本期	1924 年 3 月 ~ 1928 年 12 月	1925 年 1 月 ~ 1929 年 12 月	1926 年 1 月 ~ 1930 年 12 月	1927 年 1 月 ~ 1931 年 12 月	1928 年 1 月 ~ 1932 年 12 月	1929 年 1 月 ~ 1933 年 12 月	1930 年 1 月 ~ 1934 年 12 月
θ	1.935	1.935	1.935	1.834	1.664	1.095	1.095

　　这种交叠方法避免了武断使用政策事件来划分样本，在小样本情况下有其优势。然而交叠方法的不足之处是每一个观测都处于多个子样本内，如果该观测的某一特征足够强烈，则多个时段都会受到影响。例如前三个子样本估计的门阈值完全相同，这是因为"裁厘改统"前的高、低

两个状态主要出现在 1926 年下半年至 1928 年下半年，而这段时期同时出现在了这三个子样本中。最后两个子样本门阈值相同也是由于类似原因。

为了考察样本期内国内市场一体化程度是否在逐步提高，笔者进一步改变常数阈值假定，设定阈值具有确定性的时间趋势。并且放松收敛的对称性假定，允许不同状态下收敛速度不一样。模型如下：

$$\Delta(P_t - P_t^*) = \begin{cases} k - \lambda\left[(P_{t-1} - P_{t-1}^*) + b_t\right] + \varepsilon_t, & P_{t-1} - P_{t-1}^* < -\theta \\ \varepsilon_1, & |P_{t-1} - P_{t-1}^*| \leqslant \theta \\ -k - \lambda\left[(P_{t-1} - P_{t-1}^*) - b_t\right] + \varepsilon_t, & P_{t-1} - P_{t-1}^* > \theta \end{cases}$$

$$(6.3)$$

笔者设定阈值 b_t 具有确定性的时间趋势：$b_t = b_1\exp(-b_2 t)$，其中 t 是时间项 $t = 1$，2，3，…。阈值由参数 b_1、b_2 决定，b_1 是期初的阈值，而 b_2 决定了阈值随时间的单调下降速度（如果 $b_2 > 0$）。估计结果见表 6 - 3。全部样本下，调整系数 λ_1 估计值略小于 λ_2，这意味着上海米价高时，米会较快由芜湖运往上海；而芜湖米价较高时，米由上海运往芜湖则略显迟缓。不过两种状态下调整系数差异并不大，这种差异统计上并不显著（仅使用"裁厘改统"之前样本也得到相似的估计结果）。根据参数 b_1 和 b_2 的估计值计算出的阈值 b_t 见图 6 - 2。阈值呈现出明显的下降趋势，从期初（1924 年 3 月）的 2.497 下降至期末（1934 年 12 月）的 0.940。中位数为 1.561，对比表 6 - 1 常数限值假定下的 b 估计值 1.497，二者极为接近。如果阈值的确是有时间趋势的，则常数阈值仅是估计了均值，而忽略了趋势信息。

表 6 - 3　　　　　时间趋势阈值假定下 TECM（3）估计结果

	全部样本（1924 年 3 月 ~ 1934 年 12 月）	"裁厘改统"之前（1924 年 3 月 ~ 1930 年 12 月）
θ	1.755	1.935
b_1	2.497 (0.587 ***)	2.002 (0.675 ***)

续表

	全部样本（1924 年 3 月 ~ 1934 年 12 月）	"裁厘改统"之前（1924 年 3 月 ~ 1930 年 12 月）
b_2	7.576×10^{-3} (5.543×10^{-3})	1.294×10^{-3} (6.267×10^{-3})
λ_1	0.579 (0.151^{***})	0.647 (0.190^{***})
λ_2	0.626 (0.156^{***})	0.791 (0.212^{***})
DW	1.801	2.037
R^2	0.233	0.234
logL	−155.203	−100.558
SSR	81.221	56.797
处于各状态的观测数		
高	15	14
中	95	60
低	19	8

注：小括号中是参数的标准差，*** 表示在 1% 水平上显著。DW 是检验残差序列相关性的 Durbin – Watson 统计量，logL 是对数似然值，SSR 是残差平方和。处于高、中、低三个状态的观测数分别是指大于 θ、处于 θ 和 $-\theta$ 之间，以及小于 $-\theta$ 的月度观测数。

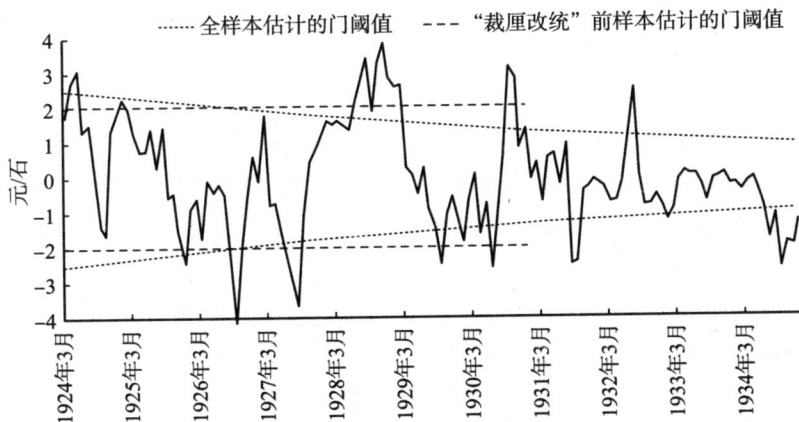

图 6 - 2　芜湖与上海籼米价差与套利阈值

然而，仅使用"裁厘改统"之前样本时，得到的 b_t 估计结果则截然不同。决定其下降速度的参数 b_2 估计值相比全样本的结果大幅降低接近于 0，由原来的 7.576×10^{-3} 降至 1.294×10^{-3}。由此计算出的门阈值 b_t 见图 6-2。根据仅使用"裁厘改统"之前样本的计算结果，这一时段内阈值基本是水平的，仅从期初的 2.002 下降至期末（1930 年 12 月）的 1.981，接近于表 6-1 中常数阈值假定下的 b 估计值 1.844。这一时段内阈值的下降不明显，常数阈值是合理的假定。总之，阈值并非在整个样本期内都呈现下降趋势。全样本下估计得到的阈值持续下降，是由于单调趋势假定以及阈值在"裁厘改统"后大幅降低所造成的。实际上，阈值在"裁厘改统"政策之前基本不变，其大幅下降发生在"裁厘改统"之后。

6.5 市场整合：上海和天津面粉市场的证据

本节比较"绿兵船"牌面粉在上海和天津的批发价格，来佐证"裁厘改统"前后国内市场的整合度加强的结论。"绿兵船"牌面粉在民国时期（抗战前）的城市市场占有率很高，主要在上海加工并输出。除上海本地，该品牌面粉在天津也占重要地位。[①] 由于该商品具有高度同质性，这为比较地区之间商品价格的收敛性质提供了方便。选择天津作样本，是因为可以获得天津价格的系统记录。另外，天津是当时北方最重要的工商业城市，粮食市场涵盖京、津周边各地。两地交通便利，上海、天津分别是南北方重要港口，货轮运输方便，陆上则有津浦铁路相通。商路在"裁厘改统"前后没有发生变化，运输条件也不成为改

---

① 该品牌面粉由实业家荣宗敬兄弟创办的无锡茂新面粉公司、上海福新面粉公司生产，抗战前在国内面粉市场占主导地位。例如 1921 年，两公司所产"兵船"牌系列（包括绿兵船、红兵船）面粉占全国"关内"面粉产量的 23.4%，1936 年产量占到 32.7%。1933 年天津面粉总成交量中，"兵船"牌占 57%。1934 年中国开始征收进口税，进口面粉被遏止，"兵船"牌上升到 77.89%（《天津地方志·粮食卷》，http：//www. tjdfz. org. cn/tjtz/syls/mqmgly/lssc/）。

变两地贸易成本的主要原因。

　　该面粉主要产自上海，总是由上海运往天津，而不是反向，其在天津的价格一般会高于上海。这样，对于面粉市场，方程系统（6.2）简化为两个状态：

$$\Delta(P_t - P_t^*) = \begin{cases} \varepsilon_t, & P_{t-1} - P_{t-1}^* \leqslant \theta \\ -k - \lambda\left[(P_{t-1} - P_{t-1}^*) - b\right] + \varepsilon_t, & P_{t-1} - P_{t-1}^* > \theta \end{cases} \quad (6.4)$$

其中 P_t 和 p_t^* 分别为天津和上海"绿兵船"面粉价格。面粉在天津售价相比在上海售价超出阈值 θ 时，将沪粉运往天津销售便是有利可图的。而大量面粉输入将缩小天津和上海两地的价差，当两地价差小于 θ 时，沪粉停止输入天津，天津面粉消费仅靠当地所产以及进口面粉。若后两者供给能力不足，则天津价格将再趋上升。如此循环往复。[①]

　　我们先使用全部样本（1928 年 3 月 ～ 1935 年 12 月）估计方程（6.4），然后以"裁厘改统"（1931 年 1 月）为界，分别使用前后子样本估计，结果见表 6 - 4。[②] 全部样本下，阈值 θ 为 0.129。而分开估计的话，θ 在"裁厘改统"政策实施前后有明显的变化，此前为 0.203，此后则降低了一半，仅为 0.097。[③] 全部样本下的 θ 值大体相当于前后两段子样本的 θ 值按照样本量的加权平均，不过样本期内 θ 值并不是常数。1931 年之后阈值大幅度降低，也表明"裁厘改统"政策的施行使

---

　　① "绿兵船"牌面粉上海批发价格来自《上海解放前后物价资料汇编》（第 213 ～ 217 页），天津批发价格来自孔敏（1988，第 71 ～ 76 页）。上海月度价格自 1925 年起有连续的纪录，而天津月度价格仅从 1928 年开始，因此作者选取 1928 年 1 月 ～ 1935 年 12 月样本。样本截至 1935 年是因为在该年底，国民政府进行法币改革，银本位制被废除，此后物价上涨较快，并且波动很大，因此没有采用币制改革之后的数据。样本内上海和天津每袋面粉（49 磅）的批发价格均值分别为 2.822 元和 2.990 元。

　　② 与表 6 - 1 结果类似，是否约束 $\theta = b$ 对模型估计没有明显影响，这里仅列出了约束条件下的结果。

　　③ 这里的面粉门阈值相对于前面计算的大米门阈值小得多，除了标准化包装的面粉相对于散货大米运输费用较低之外，另一个原因是二者计量单位不同。面粉以袋（重 49 磅）为单位，而前面大米以石为单位，1 石大米重量约合 4 袋面粉。

得津沪市场整合程度加强。

表6－4　　津沪面粉市场常数阈值假定下 TECM（2）估计结果（约束 $\theta = b$）

	全部样本 （1928 年 1 月 ~ 1935 年 12 月）	"裁厘改统"之前 （1928 年 1 月 ~ 1930 年 12 月）	"裁厘改统"之后 （1931 年 1 月 ~ 1935 年 12 月）
θ	0.129	0.203	0.097
λ	0.353 （0.0537 ***）	0.385 （0.0644 ***）	0.5318 （0.0223 ***）
DW	1.683	1.748	1.701
R^2	0.362	0.467	0.613
SSR	1.317	0.522	0.419
logL	69.650	25.125	63.785
状态	观测数	观测数	观测数
高	59	23	37
中	37	13	23

注：小括号中是参数的标准差，*** 表示在1%水平上显著。DW 是检验残差序列相关性的 Durbin – Watson 统计量，logL 是对数似然值，SSR 是残差平方和。处于高、中、低三个状态的观测数分别是指大于 θ、处于 θ 和 $-\theta$ 之间，以及小于 $-\theta$ 的月度观测数。

6.6 本章小结

本章研究了民国时期中国东部几个地区（芜湖、上海和天津）的粮食价格关系，采用门阈误差修正模型估计了米粮跨区贸易的成本。依据门阈模型的结论，可以判断1931年国民政府"裁厘改统"政策实施前后国内粮食市场的整合状况。厘金制度抬高了商品流通成本，严重阻碍商品跨地区贸易和工商业发展。尽管"恶政"厘金制度的弊端有目共睹，然而，以裁撤厘金为主要目的的"裁厘改统"政策效果的评价却颇有争议。本章关于芜湖和上海之间籼米价格数据的估计结果显示，"裁厘改统"之后，两地贸易成本相对于以前下降了40%（约0.6元）。对比当时芜湖米输出相关费用的记载，本章关于"裁厘改统"之后的贸易成本的估计值非常接近采购、运输相关的人力物力费用加总。降低的部分便可以认为是厘金制度所导致的跨地区交易费用。这表明"裁厘改统"政策的施行，使得芜湖和上海之间贸易费用大幅度减小。原来厘金制度下商品流通环节的苛捐杂税几乎完全被取消，从而市场整合程度大大增强。

本章进一步假定阈值具有确定性时间趋势重新估计模型，结果表明，阈值在"裁厘改统"政策之前基本不变，其大幅下降仅发生在"裁厘改统"之后。因此，市场整合程度的增强并不是整个样本期内的渐进过程，而是随"裁厘改统"政策的施行才发生的。根据所能获得的数据，笔者还检验了上海与天津面粉市场的整合程度。结果表明，"裁厘改统"之后上海与天津面粉的贸易成本也有大幅度下降。这验证了关于"裁厘改统"政策促进国内市场整合结论的稳健性。

需要说明的是，由于交易成本本身不可观测，模型通过地区间价差的阈值来估计，笔者假定阈值为常数或者含有确定性的时间趋势。这是一个较强的约束条件，而现实中交易成本和中性带也可能呈现出更为复杂的随机特征。不过就目前的问题而言，这种简化的假定有助于我们得出定性的结论。

参考文献：

1. Ardeni, Pier Giorgio, "Does the Law of One Price Really Hold for Commodity Prices?" American Journal of Agricultural Economics, 1989, 77, 661 – 669.

2. Baffes, John, "Some further evidence on the law of one price: The Law of One Price Still Holds," American Journal of Agricultural Economics, 1991, 73, 1264 – 1273.

3. Buccola, Steven T., "Risk Preferences and Short – Run Pricing Efficiency," American Journal of Agricultural Economics, 1983, 65, 587 – 591.

4. Canjels, Eugene, Gauri Prakash-Canjels, and Alan M. Taylor, "Measuring Market Integration: Foreign Exchange Arbitrage and the Gold Standard, 1879 – 1913," Review of Economics and Statistics, 2004, 86, 868 – 882.

5. Chuan Han-sheng, and Richard A. Kraus, Mid – Ching Rice Markets and Trade: An Essay in Price History, Havard Universtiy Press, 1975.

6. Fackler, Paul L., and Barry K. Goodwin, "Spatial Market Integration," Handbook of Agricultural Economics. Amsterdam: North Holland, 2001.

7. Granger, Clive W J, and Paul Newbold, "The use of R2 to Determine the Appropriate Transformation of Regression Variables," Journal of Econometrics, 4, 205 – 210.

8. Lee James, "Spatial Patterns of Granary Activity: the Southwest, Yunnan and Guizhou," In P. E. Will, et al. eds, Nourish the People: State Granaries and Food Supply in China, 1650 – 1850. Ann Arbor: Center for Chinese Studies, University of Michigan, 1991, 431 –472.

9. Martin R., "Testing Market Integration," American Journal of Agricultural Economics, 1986, 68, 102 – 109.

10. Obstfeld, Maurice, and Alan M. Taylor, "Nonlinear Aspects of Goods Market Arbitrage and Adjustment: Heckscher's Commodity Points Revisited," Journal of the Japanese International Economcis, 1997, 11, 441 –479.

11. Sexton, Richard J., Catherine L. Kling, and Hoy F. Carman, "Market Integration, Efficiency of Arbitrage, and Imperfect Competition: Methodology and Application to U. S. Celery Markets," American Journal of Agricultural Economics, 1991, 73, 568 – 580.

12. Shiue C. H. and Wolfgang K., "Markets in China and Europe on the Eve of the Industrial Revolution," The American Economic Review, 2007, 97 (4), 1189 – 1216.

13. Spiller, P., and Wood R. O., "The Estimation of Transaction Costs in Arbitrage Models," Journal of Econometrics, 1988, 39, 309 – 326.

14. Tong, H. S., "Threshold Models in Non-Linear Time Series Analysis", Lecture Notes in Statistics No. 21, Springer – Verlag, New York, 1983.

15. Wang Y. C., "Food Supply and Grain Prices in the Yangtze Delta in the Eighteen Century," Proceedings of the Second Conference on Modern Chinese Economic History, 1989.

16. Wang Y. C., "Secular Trends of Rice Prices in the Yangtze Delta, 1638 – 1935," in T. G. Rawski and L. M. Li eds, Chinese History in Econonic Perspective, Universtiy of

California press，1992.

17. Williams E. T. ，"Taxation in China，"Quarterly Journal of Economics，1912，26，482 – 510.

18. 曹必宏：《南京国民政府裁厘改税述评》，载于《学海》1992 年第 6 期。

19. 杜询诚：《民族资本主义与旧中国政府（1840 ~ 1937）》，上海社会科学出版社 1991 年版。

20. 方行：《清代前期湖南农民卖粮所得释例》，载于《中国经济史研究》1989 年第 4 期。

21. 黄文模：《晚清厘金制产生的年代及其社会危害研究》，载于《现代财经》2000 年第 3 期。

22. 贾士毅：《民国财政史》，商务印书馆 1934 年版。

23. 孔敏：《南开经济指数资料汇编》，中国社会科学出版社 1988 年版。

24. 李雪纯：《民族工业的前途》，上海中华书局民国二十四（1935）年版。

25. 林熙春主编：《芜湖米市调查》，社会经济调查所 1935 年版。

26. 陆景琪：《试论清代厘金制度》，载于《文史哲》1957 年第 2 期。

27. 罗玉东：《中国厘金史》，商务印书馆 1936 年版。

28. 孙翔刚、董庆铮：《中国赋税史》，中国财政经济出版社 1987 年版。

29. 吴承明：《利用粮价变动研究清代的市场整合》，载于《中国经济史研究》1996 年第 2 期。

30. 夏东元编：《郑观应集》，上海人民出版社 1982 年版。

31. 杨格：《一九二七至一九三七年中国财政经济情况》，中国社会科学出版社 1981 年版。

32. 袁成毅：《评 1931 年南京国民政府的"裁厘改税"》，载于《杭州师范学院学报》1989 年第 4 期。

33. 张连红：《整合与互动：民国时期中央与地方财政关系研究》，南京师范大学出版社 1999 年版。

34. 郑备军：《中国近代厘金制度研究》，中国财政经济出版社 2004 年版。

35. 朱伯康、施正康：《中国经济史》，复旦大学出版社 2005 年版。

第 7 章

结　语

　　本书主要讨论了近代中国银本位制下的市场整合问题，包括中外市场整合和国内市场整合两个方面。市场发育与工业革命和经济发展的关系一直是经济学者关注的话题，而市场发育的重要特征就是市场整合程度。市场整合与贸易的自由度和信息传导的顺畅程度相关，是反映市场效率的重要指标。市场整合可以带来专业化、技术扩散、生产成本降低等诸多好处，从而促进资源的优化配置和经济发展。运输成本下降引起的市场整合被认为是近代经济增长的一个主要原因。以前的文献中，关于市场整合对中国经济增长影响的研究一般考虑当代的情形，而历史的视角则一般不受重视。近代中国多给人以自给自足的小农经济印象，市场分割严重。然而近年来开始出现部分——尽管只是碎片化、不系统的——证据挑战传统认识，认为近代中国已形成了复杂而广泛的市场网络。甚至有研究者认为，工业革命前夕中国的东部地区与欧洲的市场发育程度是接近的。

　　关于近代中国市场整合的研究者，由原来仅注重陈述史料还原小范围市场联系，转而普遍注重数据整理并进行量化分析。然而总体上以往的研究仍存在两方面的不足：一是仅考虑国内某一省区小范围内空间市场的整合，而忽略了中国与国际市场的整合问题。二是仅考虑商品（主要是粮食）市场的整合，而忽略了资本与金融市场的整合。利用粮价关系研究市场整合很常见，因为粮食是传统农业社会基本的大宗商品，且中国自然形成了粮食生产区与粮食消费区的分化，国内粮食贸易频繁，因此粮价的记录完整。然而文献对于中国历史上金融市场的整合研究很是缺乏。迄今学者对中国历史上盛行的银本位制度以及中外金融市场整合问题很少涉猎，我们对这一问题的探讨远不如美欧学者对金本位制度的研究深入。现有文献一般仅是运用历史学、文献学方法，还原当时的市场形态。定量研究历史上中国与国际金融市场的整合，可以更深刻认识当时中国与国际经济的一体化程度，也是对当代金融学领域极具影响力的有效市场理论的检验。

本书的研究试图在这两方面取得进展。我们不仅考察了银本位制度下国内商品市场的整合，还考察了银本位制度下国内货币市场整合，以及中国与西方货币市场的整合。历史上国际金融市场的整合从未达到过今天这种高度。然而，国际金融市场的整合并不是当代才有的概念，自19世纪大规模的国际贸易出现以后，整合的进程就已出现。因为国际贸易需要货币汇兑，跨国银行便紧跟货物流向在世界各口岸布局金融网络。重视清末民国阶段中国与国际金融市场的整合，是因为当时中国的金融体系发生了巨大变化，现代银行业以及证券、外汇市场从无到有并趋向成熟。

实证方法上，现有文献一般是考察地区间粮价的相关系数或者线性回归系数，而忽略了交易成本。交易成本虽然难以精确度量，但对于商品或资产交易却有至关重要的影响。考虑到交易成本后，地区间同种商品（资产）的价格之差应为非线性过程。市场整合的前提在于两地存在价差时，会出现套利从而导致消除价差。然而，由于交易成本存在，只有两地价差超出某个阈值（商品点）时套利才会使得价格出现收敛趋势，而价差落在阈值之内时，尽管两地价格不等却无套利收益，两地价格并不收敛。这样，两地价格相关系数并不是常数，甚至，价差在阈值之内时两地区价格可以不相关。也就是说，交易成本使得两地价差对大的冲击和小的冲击反应模式不同。而以往研究使用线性模型实际是忽略了交易成本，从而假定地区间价格总是收敛的。考虑到交易成本和数据的非线性特征，笔者通过门限自回归模型——研究市场整合和银本位制度效率问题，这为判断当时中国金融市场的价格发现效率和市场整合程度提供了可信的方法基础。

我们的基本结论包括：

第一，自19世纪后期开始至抗日战争之前，近代中国的长期数据提供了对购买力平价理论的经验支持证据。一方面，这意味着两代"PPP之谜"可以在一定程度上通过交易成本以及由此导致的实际汇率非线性特点进行解释。另一方面，也是更重要的，19世纪后半期随着中国闭关锁国状态被打破，中国与国际市场的整合进程已经开始。

第二，中国银本位制度下，汇率与铸币平价的偏离率服从非线性的调整过程，偏离率越大，其向均衡值收敛的速度就越快。而由于交易成本的存在，偏离率小时收敛的速度会变慢。交易成本使得偏离率对大的冲击和小的冲击反应模式不同。特别是，当汇率与平价出现大幅偏离时，二者收敛的速度相当快，平均而言，偏离率将在一个月内缩小50%。该调整速度与同时期英美两国之间金点套利下的调整速度估计值接近。我们的结果还表明，中美之间的银输送点大约为1.5个百分点左右，大体上与当时文献中记载的白银由美国旧金山运往上海的费用接近。这表明20世纪前期，与欧美间金融市场整合程度相比，上海与国际金融市场之间的整合程度相差并不悬殊。银点套利机制保证了银本位下中国外汇市场的有效性。因此，尽管绝大多数时期上海汇率与平价并不相等，仍然可以认为上海与国际金融市场是高度整合的。

第三，我们考察了清末民国银本位制度的效率以及国内金融市场整合的程度。在我们考察的样本期间（1898年1月~1933年3月），津沪间银点的估计值在快速下降。样本前期（清末）的银点为1.1%~1.3%，而样本后期（民国）降低至0.4%，下降了约2/3。这里关于民国时期银点的估计可与当时文献记载两地运银的费用互相印证。相比清末，民国时期不仅银点减小了，而且两市价差超出银点时的调整速度也有了大幅提高。因此，民国时期银本位制度下，白银套利机制的效率有大幅提升，这也意味着中国南北金融市场的整合程度在显著提高。我们粗略分析了银点下降的可能原因，包括现代交通工具的发展以及国内货币形式的统一。

最后，我们考察了"裁厘改统"政策对国内粮食市场整合的影响。关于芜湖、天津和上海之间粮食价格数据的估计结果显示，"裁厘改统"之后，两地贸易成本相对于以前下降了40%（约0.6元）。对比当时芜湖米输出相关费用的记载，本章关于"裁厘改统"之后的贸易成本的估计值非常接近采购、运输相关的人力物力费用加总。降低的部分便可以认为是厘金制度所导致的跨地区交易费用。这表明"裁厘改统"政策的施行使得地区之间贸易费用大幅度减小，从而市场整合程度大大增强。

应该特别说明的是，抗日战争前中国的经济不仅存在着城乡之间的巨大差别，还存在着地区之间的巨大差别。由于数据的可获得性，我们的研究仅仅局限在上海以及少数东部城市。作为中国的经济和金融中心，这些城市自然是令人感兴趣的。不过由于城乡差别以及地区差别，研究者也很容易质疑这些城市数据对于中国总体的代表性。希望未来对于中国内地历史价格数据——尤其是各地金融资产价格——的发掘能够使我们更深入地研究中国内部的市场整合问题。

数 据 附 录

附表 A1 中英实际汇率（年度，1867～1936）

年度	实际汇率	年度	实际汇率
1867	− 0. 0492	1892	− 0. 0893
1868	0. 04391	1893	− 0. 1509
1869	0. 01304	1894	− 0. 0895
1870	0. 01027	1895	− 0. 0051
1871	− 0. 0218	1896	0. 07003
1872	− 0. 1055	1897	0. 05813
1873	− 0. 1376	1898	− 0. 0338
1874	− 0. 1851	1899	0. 00819
1875	− 0. 2465	1900	− 0. 0524
1876	− 0. 2449	1901	− 0. 0152
1877	− 0. 2725	1902	− 0. 0459
1878	− 0. 2346	1903	0. 08543
1879	− 0. 2089	1904	0. 16534
1880	− 0. 2114	1905	0. 13552
1881	− 0. 1845	1906	0. 11167
1882	− 0. 2492	1907	0. 13794
1883	− 0. 2409	1908	0. 0816
1884	− 0. 2129	1909	0. 0305
1885	− 0. 1761	1910	0. 06587
1886	− 0. 1224	1911	0. 03182
1887	0. 06859	1912	0. 06402
1888	0. 02104	1913	0. 1130
1889	− 0. 0018	1914	0. 08303
1890	0. 05365	1915	− 0. 3061
1891	− 0. 0174	1916	− 0. 1917

年度	实际汇率	年度	实际汇率
1917	− 0. 2154	1927	− 0. 0338
1918	− 0. 0338	1928	0. 05138
1919	0. 13881	1929	0. 04961
1920	0. 31033	1930	− 0. 0074
1921	0. 23139	1931	0. 03499
1922	0. 12225	1932	0. 23159
1923	0. 09141	1933	0. 07284
1924	0. 12007	1934	0. 04191
1925	0. 04053	1935	0. 11694
1926	0. 02464	1936	− 0. 0341

注：中英名义汇率 1867 ~ 1913 年采用伦敦市场上白银价格，1914 ~ 1932 年采用上海外汇市场上中国货币（规银）兑英镑汇率。

数据来自孔敏（第 635 页、第 449 页）。1867 ~ 1936 年的英国年度批发物价指数，1931 年之前来自于吴大业（1931），之后来自《上海解放前后物价资料汇编》（1958，第 209 页）。中国物价指数 1867 ~ 1930 年为南开大学经济学院编制的中国进出口物价指数，取自吴大业（1932）；1931 ~ 1936 年为上海、华北、广州、汉口、青岛五地区批发物价指数之均值，来自中国科学院上海经济研究所（1959，第 175 ~ 206 页）。实际汇率的计算公式见（1.3），数据经过去均值处理。

附表 A2　中英实际汇率（月度，1921 年 1 月 ~ 1936 年 12 月）

	1921 年	1922 年	1923 年	1924 年	1925 年	1926 年
1 月	0. 0336	0. 2102	0. 1595	0. 2383	0. 1378	0. 1451
2 月	− 0. 0506	0. 1744	0. 1721	0. 2076	0. 1366	0. 1575
3 月	− 0. 1401	0. 1585	0. 2140	0. 1891	0. 1067	0. 1454
4 月	− 0. 0308	0. 2084	0. 2303	0. 2046	0. 1330	0. 1353
5 月	− 0. 0036	0. 2641	0. 2490	0. 2156	0. 1758	0. 1481
6 月	0. 0847	0. 2485	0. 2149	0. 2326	0. 1957	0. 1349
7 月	0. 1511	0. 2135	0. 1945	0. 2275	0. 2363	0. 1243
8 月	0. 1616	0. 2011	0. 1647	0. 2031	0. 2301	0. 0886
9 月	0. 1757	0. 1989	0. 2138	0. 2308	0. 2192	0. 0661
10 月	0. 2616	0. 1937	0. 1831	0. 2196	0. 1883	− 0. 0182
11 月	0. 2565	0. 1330	0. 2322	0. 1778	0. 1476	− 0. 0568
12 月	0. 1989	0. 1248	0. 2511	0. 1439	0. 1370	− 0. 0594

续表

	1927 年	1928 年	1929 年	1930 年	1931 年	1932 年
1 月	− 0. 0080	0. 0406	0. 0669	− 0. 1183	− 0. 3734	0. 0434
2 月	0. 0382	0. 0554	0. 0661	− 0. 1041	− 0. 3990	0. 0363
3 月	0. 0049	0. 0738	0. 0761	− 0. 1062	− 0. 3132	− 0. 0213
4 月	0. 0692	0. 0797	0. 0711	− 0. 0940	− 0. 3060	− 0. 0968
5 月	0. 0782	0. 1276	0. 0507	− 0. 1246	− 0. 3196	− 0. 1079
6 月	0. 0848	0. 0940	0. 0236	− 0. 2565	− 0. 3055	− 0. 1104
7 月	0. 0691	0. 0792	0. 0295	− 0. 2371	− 0. 2972	− 0. 1472
8 月	0. 0572	0. 0620	0. 0231	− 0. 2147	− 0. 2916	− 0. 0733
9 月	0. 0631	0. 0406	0. 0153	− 0. 1984	− 0. 2251	− 0. 0793
10 月	0. 0604	0. 0677	− 0. 0235	− 0. 2192	− 0. 0368	− 0. 1116
11 月	0. 0434	0. 0713	− 0. 0394	− 0. 2524	0. 0363	− 0. 1119
12 月	0. 0462	0. 0449	− 0. 0657	− 0. 3259	0. 0814	− 0. 1676

	1933 年	1934 年	1935 年	1936 年
1 月	− 0. 1534	− 0. 1612	− 0. 0942	− 0. 2411
2 月	− 0. 1626	− 0. 1353	− 0. 0216	− 0. 2306
3 月	− 0. 1211	− 0. 1551	0. 0122	− 0. 2190
4 月	− 0. 1503	− 0. 1710	0. 0206	− 0. 1902
5 月	− 0. 1249	− 0. 1979	0. 0638	− 0. 2098
6 月	− 0. 1074	− 0. 1827	− 0. 0140	− 0. 2104
7 月	− 0. 1402	− 0. 1617	− 0. 0976	− 0. 2185
8 月	− 0. 1713	− 0. 1104	− 0. 1345	− 0. 2159
9 月	− 0. 1809	− 0. 1202	− 0. 1195	− 0. 2245
10 月	− 0. 1800	− 0. 1461	− 0. 1300	− 0. 1927
11 月	− 0. 1982	− 0. 1719	− 0. 2452	− 0. 1918
12 月	− 0. 1998	− 0. 1354	− 0. 2528	− 0. 1452

注：中国为上海批发物价指数，来自中国科学院上海经济研究所、上海社会科学院经济研究所编：《上海解放前后物价资料汇编（1921～1957 年）》，上海人民出版社 1958 年版（第 126 页），英国为零售价格指数。中英之间的名义汇率数据来自孔敏（第 450 页）。实际汇率的计算公式见（1.3），数据经过去均值处理。

附表 A3　　　美元兑规元汇率（1905 年 1 月 ~ 1933 年 12 月）

	1905 年	1906 年	1907 年	1908 年	1909 年	1910 年
1 月	1.5672	1.4380	1.3554	1.6252	1.7671	1.7229
2 月	1.5672	1.4397	1.3535	1.6139	1.7603	1.7544
3 月	1.5790	1.4457	1.3904	1.6442	1.7857	1.7778
4 月	1.5957	1.4405	1.4337	1.6576	1.7609	1.7021
5 月	1.5706	1.4085	1.4209	1.7316	1.7117	1.7047
6 月	1.5645	1.4118	1.3816	1.6998	1.7232	1.7106
7 月	1.5494	1.4174	1.3454	1.7044	1.7634	1.7253
8 月	1.5378	1.4142	1.3561	1.7403	1.7790	1.7265
9 月	1.5277	1.3856	1.3644	1.7587	1.7699	1.7021
10 月	1.5122	1.3605	1.3848	1.7609	1.7737	1.6493
11 月	1.4493	1.3589	1.5218	1.8195	1.7832	1.6292
12 月	1.4320	1.3570	1.6210	1.7937	1.7304	1.6650
	1911 年	1912 年	1913 年	1914 年	1915 年	1916 年
1 月	1.6725	1.6562	1.4912	1.5840	1.8389	1.6562
2 月	1.7292	1.5716	1.4981	1.6031	1.8389	1.6000
3 月	1.7144	1.5413	1.5378	1.5903	1.8474	1.6077
4 月	1.6912	1.5593	1.5413	1.5840	1.8100	1.5038
5 月	1.7021	1.4981	1.5138	1.5564	1.7937	1.3333
6 月	1.7044	1.4952	1.5267	1.6000	1.8100	1.4184
7 月	1.7241	1.5038	1.5195	1.6260	1.8519	1.4465
8 月	1.7277	1.5094	1.5138	1.7778	1.8822	1.4732
9 月	1.7167	1.4925	1.5065	1.7857	1.9231	1.3912
10 月	1.7150	1.4493	1.4952	1.7658	1.8265	1.3535
11 月	1.6614	1.4362	1.5179	1.9001	1.8222	1.3355
12 月	1.6609	1.4286	1.5686	1.8605	1.6194	1.1922
	1917 年	1918 年	1919 年	1920 年	1921 年	1922 年
1 月	1.2232	0.9780	0.8264	0.6774	1.3613	1.3630
2 月	1.1662	0.9877	0.8403	0.6791	1.5083	1.3947
3 月	1.2012	0.9877	0.9009	0.7171	1.6918	1.4239
4 月	1.2158	0.9709	0.9174	0.8184	1.6031	1.3535

	1917 年	1918 年	1919 年	1920 年	1921 年	1922 年
5 月	1.1799	0.9501	0.8584	0.9124	1.5728	1.2750
6 月	1.1799	0.9259	0.8264	1.0204	1.5716	1.2713
7 月	1.1142	0.9050	0.8299	0.9846	1.5186	1.2997
8 月	1.0840	0.8811	0.8264	0.9356	1.5078	1.3077
9 月	0.9259	0.8403	0.8130	0.9590	1.4760	1.3065
10 月	1.0101	0.7752	0.7634	1.0529	1.3342	1.3508
11 月	1.0076	0.8197	0.7353	1.1480	1.3294	1.4164
12 月	1.0230	0.8264	0.6711	1.3680	1.3559	1.4205

	1923 年	1924 年	1925 年	1926 年	1927 年	1928 年
1 月	1.4059	1.4247	1.3367	1.3392	1.6453	1.5790
2 月	1.4098	1.4122	1.3310	1.3600	1.5957	1.5995
3 月	1.3596	1.4382	1.3684	1.3774	1.5858	1.6000
4 月	1.3611	1.4413	1.3704	1.4160	1.6297	1.5987
5 月	1.3674	1.4144	1.3481	1.3998	1.6239	1.5221
6 月	1.4085	1.4102	1.3153	1.3955	1.6124	1.5207
7 月	1.4420	1.3924	1.3082	1.4047	1.6194	1.5442
8 月	1.4453	1.3702	1.2987	1.4699	1.6722	1.5576
9 月	1.4229	1.3389	1.2775	1.4939	1.6562	1.5788
10 月	1.4413	1.3055	1.2882	1.6700	1.6367	1.5741
11 月	1.4413	1.3053	1.3236	1.7194	1.5974	1.5713
12 月	1.3912	1.3319	1.3280	1.7173	1.5805	1.5896

	1929 年	1930 年	1931 年	1932 年	1933 年
1 月	1.5813	2.0161	3.1506	3.0479	3.5740
2 月	1.6046	2.0838	3.4400	3.0211	3.5039
3 月	1.6054	2.1254	3.1878	3.0294	3.3047
4 月	1.6319	2.1313	3.2165	3.2062	3.2874
5 月	1.6787	2.2366	3.3135	3.2595	2.8983
6 月	1.7322	2.7056	3.3546	3.3080	2.7197
7 月	1.7355	2.7130	3.2268	3.3910	2.4287
8 月	1.7322	2.5880	3.3478	3.2701	2.5373

续表

	1929 年	1930 年	1931 年	1932 年	1933 年
9 月	1.7762	2.5208	3.2637	3.2499	2.4050
10 月	1.8215	2.5556	3.1279	3.3124	2.3629
11 月	1.8245	2.5694	2.9300	3.4211	2.1549
12 月	1.8625	2.7964	3.0175	3.5778	2.1267

资料来源：汇率数据来自孔敏主编：《南开经济指数资料汇编》，中国社会科学出版社 1988 年版，第 450 页。

附表 A4　　美元与规元铸币平价（1905 年 1 月 ~ 1933 年 12 月）

	1905 年	1906 年	1907 年	1908 年	1909 年	1910 年
1 月	1.5516	1.4029	1.3301	1.6450	1.7706	1.7474
2 月	1.5069	1.3870	1.3257	1.6286	1.7780	1.7811
3 月	1.5727	1.4132	1.3447	1.6525	1.8184	1.7867
4 月	1.6150	1.4109	1.3960	1.6760	1.7805	1.7245
5 月	1.5833	1.3648	1.3862	1.7351	1.7343	1.7013
6 月	1.5692	1.3979	1.3666	1.7049	1.7477	1.7140
7 月	1.5541	1.4020	1.3454	1.7182	1.7957	1.6865
8 月	1.5195	1.3824	1.3348	1.7704	1.7916	1.7282
9 月	1.4803	1.3427	1.3483	1.7658	1.7788	1.7211
10 月	1.4767	1.3133	1.4547	1.7787	1.7952	1.6379
11 月	1.4349	1.3257	1.5466	1.8360	1.7814	1.6440
12 月	1.4095	1.3239	1.6626	1.8607	1.7585	1.6784
	1911 年	1912 年	1913 年	1914 年	1915 年	1916 年
1 月	1.6963	1.6317	1.4563	1.5904	1.8426	1.5894
2 月	1.7573	1.5545	1.4892	1.5888	1.8556	1.5889
3 月	1.7370	1.5696	1.5837	1.5761	1.7936	1.5594
4 月	1.7169	1.5516	1.5428	1.5668	1.7938	1.4041
5 月	1.7176	1.5057	1.5229	1.5753	1.8064	1.2210
6 月	1.7217	1.4967	1.5515	1.6211	1.8357	1.3920
7 月	1.7380	1.5128	1.5601	1.6798	1.8954	1.4351

续表

	1911 年	1912 年	1913 年	1914 年	1915 年	1916 年
8 月	1.7540	1.5049	1.5462	1.6476	1.9089	1.3666
9 月	1.7393	1.4505	1.5110	1.7371	1.8509	1.3237
10 月	1.7184	1.4421	1.5027	1.8167	1.8228	1.3375
11 月	1.6466	1.4477	1.5457	1.8665	1.7437	1.2683
12 月	1.6659	1.4386	1.5781	1.8439	1.6408	1.1898

	1917 年	1918 年	1919 年	1920 年	1921 年	1922 年
1 月	1.2004	0.9859	0.9112	0.6884	1.3905	1.3753
2 月	1.1709	1.0342	0.9124	0.7156	1.4587	1.4543
3 月	1.2282	0.9986	0.9118	0.7509	1.7054	1.3878
4 月	1.2281	0.9408	0.9120	0.8857	1.5444	1.3270
5 月	1.2139	0.9269	0.8567	0.9790	1.5511	1.2319
6 月	1.1717	0.9259	0.8306	1.1201	1.5010	1.3106
7 月	1.1266	0.9679	0.8627	0.9856	1.4918	1.3916
8 月	1.0576	0.9111	0.8240	0.9291	1.5018	1.3358
9 月	0.8597	0.9124	0.8002	0.9726	1.3769	1.3278
10 月	1.0297	0.8160	0.7672	1.1897	1.2635	1.3658
11 月	1.0484	0.9118	0.7097	1.2046	1.4068	1.4663
12 月	1.0292	0.9112	0.6955	1.4789	1.4502	1.4176

	1923 年	1924 年	1925 年	1926 年	1927 年	1928 年
1 月	1.3975	1.4449	1.3489	1.3541	1.6486	1.6096
2 月	1.4313	1.4323	1.3418	1.3765	1.5893	1.6140
3 月	1.3610	1.4411	1.3562	1.3970	1.6623	1.6080
4 月	1.3735	1.4370	1.3745	1.4289	1.6297	1.6068
5 月	1.3826	1.3990	1.3576	1.4111	1.7594	1.5282
6 月	1.4314	1.3826	1.3245	1.4039	1.6221	1.5345
7 月	1.4624	1.3637	1.3254	1.4146	1.6341	1.5535
8 月	1.4643	1.3421	1.3105	1.4758	1.6823	1.5655
9 月	1.4329	1.3322	1.2839	1.5059	1.6529	1.5996
10 月	1.4457	1.3016	1.2920	1.6717	1.6432	1.5852
11 月	1.4486	1.3265	1.3276	1.7041	1.6023	1.5888
12 月	1.4269	1.3522	1.3347	1.7208	1.5633	1.6056

	1929 年	1930 年	1931 年	1932 年	1933 年
1 月	1. 6005	2. 0263	3. 0708	3. 0297	3. 6064
2 月	1. 6225	2. 1006	3. 3791	3. 0061	3. 4589
3 月	1. 6200	2. 1534	3. 1070	3. 0507	3. 1899
4 月	1. 6335	2. 1550	3. 1973	3. 2158	2. 9777
5 月	1. 6837	2. 2389	3. 2774	3. 2400	2. 6935
6 月	1. 7236	2. 6066	3. 2920	3. 3014	2. 5877
7 月	1. 7355	2. 6442	3. 1981	3. 3842	2. 4532
8 月	1. 7287	2. 5497	3. 2822	3. 2442	2. 5681
9 月	1. 7780	2. 5008	3. 1473	3. 2564	2. 4050
10 月	1. 8088	2. 5328	3. 0134	3. 3290	2. 3940
11 月	1. 8172	2. 5364	2. 7589	3. 4211	2. 1485
12 月	1. 8814	2. 7825	2. 9700	3. 6176	2. 1267

注：平价数据根据吴大业（1935）计算（《一个新的外汇指数》，载于《政治经济学报》第 3 卷第 3 期（1935 年 4 月），第 463～509 页）。根据汇率与平价两个时序变量可计算偏离率和绝对偏离值。

附表 A5　　　**津沪洋厘价差（1898 年 1 月～1933 年 3 月）**

	1898 年	1899 年	1900 年	1901 年	1902 年	1903 年
1 月	0. 0124	0. 0189	− 0. 0113	0. 0321	0. 0016	− 0. 0022
2 月	0. 0200	0. 0186	− 0. 0245	0. 0157	0. 0031	0. 0175
3 月	0. 0172	0. 0154	− 0. 0001	0. 0162	0. 0026	0. 0060
4 月	0. 0107	0. 0138	− 0. 0074	0. 0079	0. 0037	0. 0038
5 月	− 0. 0053	0. 0091	− 0. 0072	0. 0106	0. 0089	0. 0036
6 月	0. 0048	0. 0068	0. 0010	0. 0068	0. 0093	0. 0032
7 月	0. 0009	0. 0091	− 0. 0241	0. 0099	0. 0190	0. 0123
8 月	0. 0046	0. 0064	− 0. 0231	0. 0104	0. 0214	0. 0132
9 月	0. 0143	− 0. 0016	0. 0361	0. 0095	0. 0097	0. 0129
10 月	0. 0151	− 0. 0075	0. 0542	0. 0103	0. 0048	0. 0120
11 月	0. 0151	− 0. 0137	0. 0422	0. 0000	0. 0003	0. 0190
12 月	0. 0122	− 0. 0110	0. 0362	− 0. 0023	− 0. 0060	0. 0080

续表

	1904 年	1905 年	1906 年	1907 年	1908 年	1909 年
1 月	0.0258	0.0300	0.0075	0.0079	0.0177	- 0.0062
2 月	0.0315	0.0247	0.0031	0.0058	0.0176	0.0010
3 月	0.0306	0.0181	0.0047	0.0182	0.0168	- 0.0047
4 月	0.0214	0.0126	- 0.0024	0.0164	0.0097	- 0.0138
5 月	0.0149	0.0092	- 0.0017	0.0086	0.0060	- 0.0214
6 月	0.0166	0.0038	- 0.0010	0.0119	0.0053	- 0.0222
7 月	0.0120	0.0047	0.0115	0.0100	0.0017	- 0.0194
8 月	0.0240	0.0035	0.0069	0.0069	- 0.0077	- 0.0206
9 月	0.0186	0.0070	0.0038	0.0142	- 0.0101	- 0.0237
10 月	0.0256	0.0080	0.0064	0.0133	- 0.0085	- 0.0276
11 月	0.0075	0.0023	0.0055	0.0072	- 0.0089	- 0.0293
12 月	0.0138	0.0063	0.0046	0.0091	- 0.0101	- 0.0258

	1910 年	1911 年	1912 年	1913 年	1914 年	1915 年
1 月	- 0.0182	0.0157	- 0.0313	0.0044	- 0.0014	0.0052
2 月	- 0.0039	0.0241	- 0.0005	0.0059	- 0.0022	0.0029
3 月	0.0003	0.0188	0.0088	0.0063	- 0.0026	0.0023
4 月	- 0.0098	0.0099	0.0014	- 0.0038	- 0.0029	- 0.0031
5 月	- 0.0211	0.0155	- 0.0074	- 0.0084	- 0.0013	- 0.0046
6 月	- 0.0101	0.0105	0.0000	- 0.0087	- 0.0043	- 0.0022
7 月	0.0022	0.0102	0.0030	- 0.0123	- 0.0028	- 0.0020
8 月	0.0023	0.0079	- 0.0047	- 0.0149	0.0040	- 0.0007
9 月	- 0.0023	- 0.0037	- 0.0080	- 0.0182	0.0035	0.0006
10 月	0.0056	- 0.0084	- 0.0027	- 0.0140	0.0036	- 0.0005
11 月	- 0.0045	- 0.0108	- 0.0048	- 0.0034	0.0086	0.0015
12 月	- 0.0027	- 0.0134	- 0.0001	0.0000	0.0066	0.0023

	1916 年	1917 年	1918 年	1919 年	1920 年	1921 年
1 月	0.0023	0.0046	0.0101	0.0137	0.0014	0.0087
2 月	0.0036	- 0.0311	0.0111	0.0116	0.0011	0.0123
3 月	0.0012	- 0.0014	0.0050	0.0055	- 0.0033	0.0062
4 月	- 0.0032	0.0028	0.0022	0.0015	- 0.0066	0.0013

	1916 年	1917 年	1918 年	1919 年	1920 年	1921 年
5 月	−0.0018	0.0040	−0.0032	−0.0047	0.0058	0.0002
6 月	0.0020	−0.0122	−0.0002	0.0017	−0.0018	0.0010
7 月	0.0029	0.0065	0.0055	−0.0044	0.0020	0.0079
8 月	0.0019	0.0050	0.0047	−0.0110	0.0009	0.0039
9 月	0.0035	0.0077	−0.0017	0.0056	−0.0008	0.0053
10 月	0.0003	0.0033	0.0059	0.0005	0.0031	0.0036
11 月	0.0080	0.0054	0.0059	−0.0008	0.0028	0.0004
12 月	0.0072	0.0059	0.0114	0.0031	0.0054	0.0098

	1922 年	1923 年	1924 年	1925 年	1926 年	1927 年
1 月	0.0074	0.0050	0.0047	0.0072	0.0062	−0.0002
2 月	0.0069	0.0041	0.0072	0.0094	0.0086	0.0022
3 月	0.0016	0.0019	0.0085	0.0010	0.0082	0.0032
4 月	0.0068	−0.0001	0.0058	0.0001	0.0028	0.0009
5 月	0.0030	−0.0007	0.0028	−0.0057	0.0039	−0.0020
6 月	0.0047	0.0037	0.0045	−0.0043	0.0039	0.0018
7 月	0.0032	0.0018	0.0053	−0.0012	0.0012	−0.0055
8 月	0.0011	0.0047	−0.0048	0.0004	0.0018	−0.0013
9 月	0.0005	0.0053	0.0027	0.0010	0.0001	0.0102
10 月	0.0039	0.0055	−0.0040	0.0059	0.0029	0.0065
11 月	0.0031	0.0113	−0.0014	0.0085	0.0055	0.0027
12 月	0.0056	0.0086	0.0001	0.0045	−0.0093	0.0045

	1928 年	1929 年	1930 年	1931 年	1932 年	1933 年
1 月	0.0080	0.0037	0.0016	0.0033	0.0117	0.0069
2 月	0.0096	0.0040	−0.0022	0.0026	−0.0112	0.0021
3 月	0.0075	0.0015	−0.0016	0.0034	0.0053	0.0014
4 月	0.0067	0.0004	−0.0033	0.0012	0.0073	
5 月	0.0104	−0.0035	−0.0031	0.0011	0.0074	
6 月	0.0109	−0.0063	−0.0025	0.0045	0.0089	
7 月	0.0063	−0.0037	−0.0044	0.0069	0.0062	
8 月	0.0069	−0.0032	−0.0057	0.0072	0.0037	

续表

	1928 年	1929 年	1930 年	1931 年	1932 年	1933 年
9 月	0.0041	− 0.0073	− 0.0062	0.0085	0.0020	
10 月	0.0002	0.0014	− 0.0031	0.0121	0.0079	
11 月	0.0005	0.0045	0.0009	0.0196	0.0054	
12 月	0.0046	0.0012	0.0033	0.0185	0.0040	

注：上海和天津洋厘价格来自《南开经济指数资料汇编》（第 475 ~ 478 页，第 495 ~ 496 页），原表中上海和天津洋厘行市分别按规元两和行化两报价，作者按照 1 行化两 = 1.05514 规元两将天津洋厘也折算为规元报价。